팔리는 한 줄

팔리는 한 줄

꽂히는 메시지의 5가지 법칙

벤 구트만 지음 이미영 옮김

Simply Put

SIGONGSA

일러두기

1 띄어쓰기, 외래어 표기는 국립국어원 용례를 따르되 고유명사, 일부 합성명사에 한해 예외를 따랐습니다.
2 단행본은 겹화살괄호(《 》), 정기간행물과 영상물, 논문, 보고서는 홑화살괄호(〈 〉)로 표기했습니다.
3 국내 번역된 단행본은 《번역서명(원서명 첨자)》, 번역되지 않은 단행본은 《원서명(번역명)》으로 표기했습니다.
4 인명은 처음 언급될 때를 제외하고 성(Last name)으로 표기하되 성이 같을 경우, 원서에서 이름만 표기했을 경우에는 이름(First Name)으로 표기했습니다.

차례

머리말　7

서론: 왜 단순해야 할까?　9

1부 ✦ 단순한 것이 효과적인 이유
1장　바쁜 세상 속 멍청한 뇌　31
2장　단순함의 필요성　55
3장　복잡함의 폐해　78

2부 ✦ 단순해지는 방법
4장　유익함: 핵심은 드릴이 아니라 구멍이다　105
5장　초점: 프랑켄슈타인식 아이디어와 싸우기　134
6장　돋보임: 제약이 창의력을 키운다　157
7장　공감: 지혜로운 바보를 환영하라　180
8장　간결함: 군더더기 없이 핵심만 말하라　203

결론: 다음 할 일은?　235

미주　245
감사의 글　261

머리말

자, 이 상황의 역설을 잘 안다. 이것은 간단히 말하는 법에 관한 264쪽짜리 책이다. 간단히 말하라고 조언하면서 정작 나는 그 조언을 따르지 않은 것 같다. 그렇지 않은가?

이 모든 일은 내가 경력을 쌓는 내내 풀려고 노력했던 기본적인 질문의 답을 찾으면서 시작됐다. 마케팅 에이전시를 운영할 때 고객들에게 받았던 질문 혹은 대학교에서 마케팅의 기본을 가르칠 때 학생들에게 받았던 질문이기도 하다.

"왜 어떤 메시지는 효과가 있고 다른 메시지는 그렇지 않을까?"

질문은 단순하다. 알고 보면, 답 또한 말 그대로 '단순하다'. 첫 부분은 특별히 새로운 내용이 아니다. 당신이 알고 싶은 게 핵심 답변이라면, 바로 단순한 메시지가 복잡한 메시지보다 더 효과적이라는 것이다. 이 답으로 충분하다면, 당신이 책을 더 읽지 않고 돈을 아끼도록 제때 도움 주었기를 바란다.

하지만 단순함에 대해 조사하는 동안 재미있는 사실을 깨달았다. 알고 보면 단순함은 그렇게 단순하지 않다. 그리고 절대로 쉽지 않다. 무엇이 효과적인지는 상식만으로도 쉽게 알 수 있지만, 그것이 효과적인 이유를 아는 것과, 효과적인 메시지를 만드는 방법을 아는 것은 완전히 별개의 문제다.

여기에는 과학적 관점과 역사적 관점이 있다. 세상에서 가장 영향력 있는 리더들과 가장 혁신적인 기업들에서 얻은 교훈이 있다. 누구나 활용할 수 있는 도구도 있다. 단순함의 힘을 이용해 서로 연결하고 소통할 수 있게 하는 도구들이다.

이처럼 다양한 관점과 교훈, 도구를 따라가다 보니, 어느덧 단순함에 관한 책 한 권이 완성됐다. 이제 시작해 보자.

서론

왜 단순해야 할까?

> 완벽함은 더 보탤 것이 없을 때가 아니라
> 더 뺄 것이 없을 때 이뤄진다.
> — 앙투안 드 생텍쥐페리

지금까지 들었던 가장 강력한 메시지를 생각해 보라. 인생을 크게 바꾼 스승의 조언이나, 행동하게 만들었던 연설의 가장 감동적인 호소, 크게 내걸린 광고의 가장 기억에 남는 문구를 떠올려 보라.

'표지로 책을 판단하지 마라', '부화하기도 전에 닭을 세지 마라', '로마는 하루아침에 만들어지지 않았다' 같은 말을 들어 본 적 있을 것이다. 내가 가장 좋아하는 통념 중, 본질적으로 조언에 대한 조언을 하나 꼽자면 '모든 조언은 자전적이다'라는 말이다.

당신은 무언가 정치적인 말을 떠올릴 수도 있다. 예를 들어 미국의 정치가 패트릭 헨리의 "자유가 아니면 죽음을 달라! Give me liberty, or give me death" 아니면 좀 더 최근에 나온 말인 미국 전 대통령 버락 오바마의 "우리는 할 수 있다 Yes We Can" 같은. 마케팅 업계의 훌륭한 문구로는 애플의 "다르게 생각하라 Think Different"나 나이키의 "Just Do It(그냥 해)"을 기억할 수도 있다.

잠시 짬을 내어 지난 24시간 동안 접한 수천 가지 메시지를 생각해 보라. 광고, 경고, 지시, 직접 찾아본 기사, 소셜 미디어의 게시글, 이야기 등등. 그중 기억나는 것은 얼마나 되는가? 다른 사람들은 당신이 하는 말을 얼마나 많이 기억할까? 그들이 실제로 당신의 말을 듣기는 할까?

이 메시지들이 돈이든, 표든, 생각이든 무엇을 얻으려 하든 간에, 효과적인 메시지는 모두 하나의 공통점을 가진다. 바로 단순함이다.

단순한 생각이 기억에 남는다. 단순한 메시지가 효과적이다.

우리는 복잡한 세상에 산다. 깨어 있는 모든 시간 (그리고 잠자는 시간) 동안 수많은 기기와 앱이 윙윙거리고 삑삑거리며 얼른 주목해 달라고 요구한다. 우리는 이런 사실을 안다. 명확한 메시지가 받는 이의 집중력을 사로잡는다는 것도 안다. 그럼에도 말해야 하는 상황이 되면 단순하게 말하는 것을 상당히 어려워한다. 당신은 최근 프레젠테이션에서 중요 항목으로 가득 찬 슬라이드를 얼마나 많이 만들었는가? 최근 고객사와 가진 회의에서 약어를 얼마나 많이 사용했는가?

하고 싶은 말이 제대로 전달되지 않을 때 우리는 상처를 받는다. 의사소통 문제는 이혼의 가장 흔한 요인으로 꼽힌다. 직장에서 무시당한다고 느끼는 직원은 만족도와 생산성이 떨어진다. 유권자는 자신의 목소리를 무시하는 정치인을 불평하고, 소비자는 자신의 의견에 귀 기울이지 않는 기업에 분노한다. 그리고 이 모든 상황에서 기업은 매년 효과 없는 광고에 수십억 달러라는, 셀 수 없이 많은 돈을 쓴다.

이 책은 하고 싶은 말을 효과적으로 전달하는 데 어려움을 겪는 이를 위한 것이다. 제품을 팔아야 하는 기업가와 임원, 자신이 이끄는 지역사회를 바꾸고 싶은 지도자, 세상과 공유하고 싶은 이야기를 가진 온갖 종류의 이야기꾼을 위한 책이다. 이 책에서 왜 명확하고 솔직한 메시지가 효과적인지, 어떻게 하면 단순해지는 어려운 작업을 잘해 낼지 함께 살펴볼 것이다.

✦ 단순한 것이 더 효과적인 이유

지난 10년 동안 마케팅 에이전시를 세우고 운영하면서, 그리고 비슷한 기간 동안 모교인 바룩 칼리지에서 마케팅을 가르치면서, 나는 우리가 이 일을 하는 이유와, 저 모든 소음을 뚫고 우리의 이야기를 세상에 잘 알릴 방법을 파악하는 데 집착해 왔다. 업계 최고의 브랜드뿐만 아니라 세계적으로 영향력 있는 과학자, 임원, 작가와도 함께 일했다. 수백 건의 사용자와 소비자 인터뷰를 수행했고, 현재 마케팅 업계에서 가장 성공한 사람 수십 명을 만나 이야기를 나눴다. 내가 갔던 모든 곳에서 효과적인 메시지와 그렇지 못한 메시지를 가르는 비결을 찾으려고 노력했다.

하지만 솔직히 말해서, 이런 탐구를 한다는 사실이 좀 부끄러웠다. 고객들은 큰 계약금을 지급했고 학생들은 교수다운 지혜를 구했지만, 사실 나는 이 문제의 근본적인 성질을 제대로 이해하지 못하고 있었다. 다른 전문가들에게 물어보니 나만 그런 것은 아닌 듯싶었다.

이 질문을 계속 마음에 담아 두며 점차 문제의 본질을 파헤쳤다. 그리고 결국 그 답에 관한 책을 쓰게 됐다. 이 질문은 개인적 삶과 직업적 삶의 많은 부분을 규정한다. "왜 어떤 메시지는 효과적이고 다른 메시지는 그렇지 않을까?"

"주머니 속에 천 곡 1,000 songs in your pocket"이라는 단순 명료한 주장은 애플이 아이팟 iPod으로 음악 산업에 혁명을 일으키게 했다. 하지만 할인 매대에는 그와 같은 방식으로 고객과 소통하지 못한 상품들이 가득하다.

군더더기 없는 메시지는 도널드 트럼프와 알렉산드리아 오카시오코르테스를 미국 정치계의 영향력 있는 위치로 올려놓았다. 하지만 많은 낙선자는 그와 같은 방식으로 유권자의 마음을 움직이지 못했다.

단도직입적으로 흡연 반대를 외친 캠페인 '트루스'는 청소년 흡연율을 낮춰 수천 명의 생명을 구하고 공공 보건 비용을 아꼈다. 하지만 좋은 의도를 가진 수많은 다른 캠페인은 그와 같은 방식으로 행동을 바꾸지 못했다.

모든 성공적인 메시지에는 공통점이 있다. 그리고 그 공통점은 누구나 배울 수 있다.

당신이 제품들로 수백만 달러를 벌어들이길 기대하든, 직장과 개인 생활에서 자기 생각을 효과적으로 전달하는 방법을 기대하든, 단순한 메시지의 힘을 이용하면 원하는 목표에 더 쉽게 도달할 수 있다. 여정을 시작하면서 먼저 이 강력한 아이디어 뒤에 숨겨진 홍미로운 과학적 관점과 역사적 관점을 알아볼 것이다.

주의력, 기억력, 인지력의 놀랄 만한 한계를 살펴보고, 호모사피엔스의 까다롭기 짝이 없는 뇌가 바쁘고 힘들어지는 세상에서 어떻게 기대를 저버리는지도 살펴볼 것이다. 우리는 자신이 똑똑하다고 생각하길 좋아하지만 실은 주변에서 일어나는 많은 일들을 알아차리지 못한다. 주목한 대부분을 기억하지 못하고, 안다고 생각한 것조차 실제로는 모르는 경우가 많다. 끊임없는 연결과 무한 스크롤, 사람들의 관심이 누군가의 돈벌이 수단이 되는 사회에서 많은 메시지가 어떻게 그리고 왜 제대로 전달되지 않는지 쉽게 알 수 있다.

그다음에는 왜 단순함을 받아들이는 것이 이런 어려움을 극복하는 데 도움이 되는지 살펴볼 것이다. 수천 년 동안 전해 내려온 세계 최고 의사소통 전문가들의 지혜를 배우고, 오늘날 소비자들이 단순함에 얼마나 많은 비용을 기꺼이 지불하는지도 알아볼 것이다.

이 아이디어를 들어 본 적이 있을지도 모르겠다. 700년 전 프란체스코회 수사였던 윌리엄 오컴 William of Occam 은 가장 단순한 이론이 보통 옳은 답이라고 주장했다. 이 주장은 훗날 '오컴의 면도날'로 불리게 됐다. 최근 몇 년 사이 시끄럽고 혼란스러운 세상

속에서 피난처를 찾기 위해 점점 더 많은 사람이 미니멀리즘 같은 '적을수록 더 좋다'는 개념을 받아들이고 있다.

하지만 단순하다는 것은 정확히 무슨 뜻일까? 다음은 우리가 사용할 정의다.

> **단순함**: 메시지가 쉽게 인식되고 이해되어 곧바로 행동으로 이어지는 경우

메시지가 쉽게 인식되고 이해되어 곧바로 행동으로 이어지려면 어떻게 해야 할까? 단순한 메시지에는 5가지 특성이 있다. 바로 유익함, 초점, 돋보임, 공감, 간결함이다. 우리는 이 5가지 특성을 하나하나 살펴보고 어떻게 실제로 활용할 수 있는지 알아볼 것이다.

마침내 우리가 싸우고 있는 전투를 이해하면, 왜 그렇게 자주 패배하는지 알게 될 것이다. 우리는 강적을 만날 것이다. 그것은 바로 복잡함이다.

우리는 무언가를 덧붙이려는 편향과 복잡함 속으로 쉽게 물러나는 성향, 큰 변화에 대한 두려움을 가지고 있다. 복잡함의 매력은 희생이나 어려운 선택을 요구하지 않는다는 데 있다. 하지만

크고 작은 재앙에서 볼 수 있듯이, 겁먹은 채 가장 쉬운 길을 택하고 명확하게 소통하지 못하면 엄청난 대가를 치를 수도 있다.

✦ 단순해지는 방법

소통에서 직면하는 도전과 단순함의 중요성을 이해했으니, 이제 이 강력한 아이디어의 신비로움을 벗기고 직장과 일상생활에서 어떻게 활용할지 알아볼 차례다. 책의 후반부에서는 단순한 메시지를 만드는 데 필요한 5가지 도구를 제시한다. 이를 통해 당신은 돌파구를 찾고 세계 수준의 지도자와 소통 전문가로 거듭날 것이다.

우리는 먼저 특징이 아닌 장점을 강조하는 방향으로 언어를 활용하는 힘을 살펴볼 것이다. 그리고 의사소통을 효과적으로 구성하게 도와주는 (영향력 있는 브랜드와 지도자들이 이미 사용하고 있는) 연구 기반 모델을 소개할 것이다.

우리는 끔찍한 '프랑켄슈타인식 아이디어'를 없애고 개인과 집단의 집중력을 키우는 법도 알아볼 것이다. 동시에 더 적은 말로 더 많은 것을 말하는 미묘한 정치적 기술을 다룰 것인데, 이는 줄

타기처럼 용기와 창의적 지도력이 필요한 행위다.

우리는 남들보다 돋보이도록 제약을 활용해 메시지를 더 선명히 만드는, 그리 비밀스럽지 않은 몇 가지 기술을 배울 것이다.

우리는 공감과 연구를 이용해 스스로 장애물을 제거하고, 기존의 가정을 깨뜨리고, 청중이 있는 곳에서 그들과 소통하는 데 도움을 얻을 것이다.

우리는 열심히 군더더기를 없애서 산만하지 않고 효과적인 메시지를 만들 것이다.

책의 끝부분에 이르면 당신은 쓸데없는 말과 전문용어로 가득 찬 위험한 덤불을 헤치고 요점을 정확히 짚어 내어 자기 생각을 효과적으로 전달하게 될 것이다.

✦ 보내는 이와 받는 이

이 책에서는 소통 방정식의 양편에 적절하고 단순한 이름을 붙일 것이다.

✦ **보내는 이**는 메시지를 가진 사람들이다. 광고인, 임원, 정치인,

종교 지도자, 부모, 교사, 대변인, 규제 담당자 등 할 말이 있는 사람은 모두 보내는 이다.

+ **받는 이**는 메시지를 받도록 의도된 사람들이다. 고객, 유권자, 기부자, 사용자, 시민, 정책 입안자, 배우자 등 우리가 소통하고자 하는 사람은 모두 받는 이다.

우리는 두 역할을 모두 맡고 있고 동시에 맡을 때도 자주 있다. 사실은 보내는 이보다 받는 이일 때가 훨씬 더 많다. 우리 중 가장 수다스러운 사람조차도 말하는 것보다 듣는 게 더 많다.

하지만 이것은 메시지를 보내는 능력을 향상하는 법에 관한 책이다. 보내는 이는 임무를 가진 사람들, 자신의 의사소통이 효과적인지 확인하려고 노력하는 사람들이다. 메시지를 보내는 일은 어렵다. 스트레스도 많고 부담도 큰 데다 우리는 대개 이 역할을 잘 수행하지 못한다. 그래서 도움이 필요하다.

그 외에 우리가 반복해서 사용할 약칭은 '메시지'라는 용어다. **그림 1.1**에서 보듯이 메시지는 보내는 이가 받는 이에게 보내는 모든 정보를 대표한다. 메시지는 아이디어와 개념이다. 메시지는 대부분 단어로 구성되지만, 단순히 단어 자체라기보다는 단어와 그림, 다른 요소들로 표현된 것으로 여기는 편이 좋다. 광고, 집

그림 1.1 이것은 더 효과적인 메시지를 만드는 방법에 관한 책이다. 그런 메시지는 다양한 형식으로 표현된다.

회 소집, 메모, 경고, 교훈, 이야기 등 소통하기 원하는 것은 모두 메시지다.

명확하지 않은 아이디어를 현실로 가져오는 방법이 단어이기 때문에, 단어에 대해 많이 이야기할 것이다. 하지만 이 책은 광고 문구 작성 설명서나 양식 안내서가 아니다. 머릿속의 막연한 아이디어를 포착해 보내는 이에게서 받는 이에게 효과적으로 전달되는 메시지를 만드는 방법에 관한 책이다.

메시지가 너무 크고 광범위하면, 당신의 머릿속을 벗어나지 못한다. 머릿속에 갇혀 버린다.

메시지가 형태와 구조를 갖추지 못하면, 새어 나갈 뿐 받는 이에게 전달될 수 없다. 받는 이의 손가락 사이로 곧장 빠져나가 버린다.

메시지가 어색하고 모호하면, 받는 이에게 전달되더라도 자리를 잡지 못한다. 옆으로 밀려나 잡동사니 속으로 사라져 버린다.

그 모든 잘못을 '복잡함'이라고 부를 것이다. 복잡한 아이디어는 효과가 없다. 단순하게 만들어야만 메시지가 전달되고 주목받고 활용된다.

✦ 시작하기 전에 밝혀둘 2가지 비밀

내가 마케팅 분야 출신이고, 이 분야에서 가장 활발히 메시지를 보내는 사람이 주로 광고비를 지출하는 사람들이기는 해도, 이 책은 마케터만을 위한 책이 아니다. 메시지를 전하고자 하는 모든 사람에게 깨우침을 주고 방향을 제시하는 책이다.

하지만 마케팅 업계는 사람들이 메시지를 보내야 하는 상황에 가장 많이 찾는 곳이다. 마케터란 알리고 싶은 아이디어를 세상에 전하고, 그 일을 잘해 내어 사람들이 자신의 의도대로 행동하도록 이끄는 사람이다.

오늘날 우리는 어떤 형태로든 모두 마케터다. 우리는 일상생활에서 자신의 멋진 아이디어를 받아들이도록 동료들을 설득하고 집안일을 하도록 자녀들을 구슬린다. 혹은 기금 모금에 기부하도록 친구들을 유도하기도 한다. 따라서 당신도 이제 팀의 일원이니, 이 책의 나머지 부분을 이어 가기 전에 업계의 비밀 2가지를 공유하는 것이 좋겠다.

첫 번째 비밀은 광고 에이전시 프레젠테이션이나 대학 교재에서 흔히 보는 내용이 아니다. 하지만 이 진실은 매우 근본적이라서 이것이 사실이 아니라면 마케팅 업계 전체가 존재하지 않을 것이다. 그 비밀은 바로 '아무도 신경 쓰지 않는다'는 것이다.

사람들은 당신이 하려는 말에 관심이 없다. 당신이 팔려고 하는 것에는 더더욱 관심이 없다. 아무도 당신의 광고를 시청하거나 웹사이트를 방문하고 싶어 하지 않는다. 사람들이 본 광고는 대부분 그들의 의지와 상관없이 본 것이다. 마케팅 산업은 냉담과 무관심을 상대로 힘겨운 싸움을 벌이고 있다.

이것이 사실인 이유를 설명하기 위해 내가 좋아하는 짧고 아름다운 단어 하나를 소개하고자 한다. 바로 몇 달에 한 번씩 입소문을 타고 인터넷에 퍼지는 '손더sonder'다. 언뜻 보면 독일어처럼 (독일어에는 단어가 풍부하다) 보이지만, 실제로는 블로거 존 케닉John Koenig이 자신의 텀블러 사이트 '모호한 슬픔의 사전Dictionary of Obscure Sorrows'에서 만든 신조어다.[1] 여기에 그의 정의를 소개한다.

손더Sonder: 명사. 임의의 행인은 각각 당신만큼이나 (야망, 친구, 일상, 걱정, 타고난 괴팍함 등으로 채워진) 생생하고 복잡한 인생을 살고 있다는 깨달음. 당신 주변에서 보이지 않게 펼쳐지는, 지하 깊이 퍼진 개미집 같은 서사시적 이야기. 이 이야기에는 존재하는 줄도 모를, 수천 가지 다른 인생으로 통하는 정교한 길이 나 있다. 그 수많은 인생에서 당신은 뒤에서 커피를 홀짝이는 엑스트라로, 고속도로에서 스쳐 지나가는 차량으로, 해 질 녘 불이 켜진 창문으로 단 한 번 등장할 수도 있다.

도시의 지평선에 보이는 불빛이나 고속도로 위의 차가 각각 하나의 온전한 삶을 대표한다는 이 생각은 미묘하고 경외심을 불러일으키는 개념으로 당면한 과제를 이해하는 데 도움을 준다. 우리 인생에서는 우리가 이야기의 주인공이다. 모든 사람은 주인공인 내가 하는 말에 관심을 가져야 한다. 내가 나의 신제품에 흥분한다면, 다른 사람들도 분명히 그럴 것이다!

하지만 저 밖의 다른 사람들이 모두 그들만의 풍부하고 생생한 이야기를 살아가고 있다는 것, 그리고 그들에게 당신은 지나가는 열차 창문에 잠시 비친 뒤집힌 얼굴 모습일 뿐임을 이해하고 나면, 우리는 과제의 어려움을 깨닫게 된다. 당신이 말을 걸고 싶은 사람들은 모두 바쁘다. 그들은 오늘 당신의 제품이나 메시지 없이도 아주 멀쩡하게 잠에서 깼다. 그들은 지붕에 물이 새는 것을 걱정하거나, 다가오는 중요한 업무 마감일을 맞추거나, 다음 주에 해변에서 보낼 휴가를 상상하는 데 정신이 팔려 있다. 그들이 당신에게 주어야 하는 귀중한 시간과 관심은, 운 좋게 얻는다 해도 짧은 순간에 불과하다. 사람들은 항상 많은 일에 신경을 쓰지만 당신이 메시지를 갖고 오기를 기다리지 않는다.

결국 이런 현실 때문에 단순함이 중요하다. 날카로운 창이 갑옷을 뚫듯이, 우리는 안개를 뚫고 들리는 뚜렷한 메시지가 필요하다.

업계의 두 번째 비밀은 마케팅 업무가 운영되는 방식에 관한 것이다. 우리가 업무를 전문적, 기술적, 심지어 과학적으로 보이게 하려고 마련한 모든 장치에도 불구하고, 마케팅 행위는 결국 2가지로 요약된다. 무엇을 말하는가 그리고 어떻게 말하는가.

2가지 중 '어떻게 말하는가'에는 많은 잉크와 방송 시간과 화소畫素가 속한다. 이 등식의 절반은 전통적 광고인 텔레비전과 신문 광고, 좀 더 현대로 넘어와 디지털 시대의 산물인 인스타그램 게시물과 구글 검색 광고를 포함한다. 마케팅 업계 사람들은 대부분 이런 측면에 집중한다. 이 작업은 필수적이고 까다롭지만 성공적인 마케팅을 위해 우리가 해야 하는 일의 절반일 뿐이다. 이 모든 것은 메시지를 담는 그릇이다.

이 책에서 다루는 것은 그 부분이 아니다. 특히 오늘날 환경에서는 마케팅 전략을 활용하는 방법이 너무나 빠르게 변한다. 그리고 사실 그 방법은 유튜브나 레딧 같은 인터넷 매체를 찾아보고 최신 경향을 좇아서 배우는 편이 낫다. 일을 시작할 의지만 있다면 이런 도구들을 선택하는 것은 (솔직히 말해서) 전혀 어려운 일이 아니다.

그 대신 이 책은 예상외로 어려운 등식의 첫 부분, 즉 그 그릇을 어떻게 채울 것인지를 다룬다. 이 책은 우리가 '무엇을 말할지'를 알아내는 데 도움을 준다. 그것을 효과적으로 수행하는 방법을 아는 것은 광고대행사에 발을 들여놓은 적이 있든 없든 누구에게나 유용하다.

이 기술은 오늘날 특히 더 중요하다. 우선 조금 전에 논했던 광고의 맹렬한 공격을 다루어 보자. 평균적인 미국 성인이 매일 13시간 이상 다양한 형태로 미디어를 소비하는 동안, 그들은 자신의 주의를 끌기 위해 경쟁하는 수천 편의 광고를 접할지 모른다.[2] 소음을 뚫고 메시지를 전달하는 것은 그 어느 때보다 더 어렵다.

하지만 또 다른 경향이 마케팅과 기술 산업 전반에 경종을 울리며 인터넷 작동 방식의 획기적인 변화를 알리고 있다. 지난 20여 년 동안 메시지를 퍼뜨리는 데 가장 효과적인 그릇은 온라인 맞춤형 광고의 형태를 띠었다. 우리 모두 이런 광고를 보고 클릭한 적이 있을 것이다(그리고 나는 그것들을 만드는 사람이었다). 한편에는 아주 직접적인 광고가 있다. 예를 들어, 페이스북의 하이킹 관련 게시물을 좋아하면 등산화를 팔려는 광고가 보이는 식이다. 다른 한편에는 '리마케팅 또는 리타깃팅'이라고 불리는 광고가 있다. 특정 부츠 한 켤레를 보려고 어느 웹사이트를 방문하면 몇 주 동안 그 부츠 광고가 당신을 따라다니는 경우가 이에 해당한다. 당신이 두 종류의 광고를 모두 알고 고개를 끄덕이는 건 그것이 엄청나게 효과적이기 때문이다. 그 결과 페이스북 같은 회사들은 당신에게 이러한 광고를 제공하여 수십억 달러를 벌어들였다.

이런 광고에는 일종의 디지털 추적 기능이 필요하다. 보통 쿠키cookie로 알려진 작은 파일 형태로 존재하며, 사용자가 다양한 웹사이트를 방문할 때 사용자의 신원을 식별한다. 하지만 문제는 추적 기능이 차츰 사라지고 있다는 점이다. 애플, 구글, 모질라 같은 기업들은 지난 몇 년 동안 사용자가 인터넷을 이용할 때 광고 플랫폼이 사용자의 행동을 감시하는 기능을 대폭 제한하도록 조처해 왔다. 그리고 그 결과가 서서히 드러나고 있다. 이러한 변화의 영향을 보여 주는 첫 수치들이 공개된 후, 페이스북의 모회사인 메타의 주가는 단 하루 만에 20퍼센트 이상 폭락했다. 사용자가 마지못해 구매 버튼을 클릭할 때까지 집요하게 광고를 밀어붙이는 시대는 끝났다.

목발 역할을 했던 그 도구는 이제 사라졌다. 나와 같은 사람들이 지난 10년간 활용해 온 단도직입적 마케팅 방식은 앞으로 더는 통하지 않을 것이다. 광고를 내본 경험이 있든 없든 모두 그런 미래에 대비하게 하는 것이 지금 내가 이 책을 쓰는 이유다.

다음 시대에 마케터들이 단순히 '하이퍼타깃팅'이라는 정밀 표적화 기법을 활용해 성공의 지름길을 찾을 수 없게 된다면, 설득과 소통 전문가들은 기본으로 돌아가야 한다는 사실을 받아들여야 할 것이다. 그 기본이란 좋은 메시지를 전하는 것이다. 기술은 변하지만, 인간은 변하지 않는다. 효과적인 의사소통의 비결은 우리가 5,000년 전 처음으로 돌판에 글자를 새기기 시작한 이후로 변함없이 똑같다. 이 책은 바로 그 비결을 다룬다. 왜 단순한 메시지가 효과적인지 그리고 어떻게 그런 메시지를 더 잘 설계할 수 있는지 설명한다.

예전 모델은 이제 통하지 않는다. 곧 알게 되겠지만 제대로 작동하지 않는 것은 그게 다가 아니다.

1부

◆

단순한 것이
효과적인 이유

1장
바쁜 세상 속 멍청한 뇌

주의를 기울이는 것,
이것은 우리에게 주어진 끊임없고 적절한 일이다.
— 메리 올리버

신발 끈을 어떻게 묶는가?

초등학교에서 처음 신발 끈 묶는 법을 배운 이후로 아마 수만 번은 묶었을 것이다. 그 행동은 이제 몸에 배었다. 하지만 다른 누군가에게 설명할 수 있을까?

수세식 변기는 어떻게 작동할까?

살면서 변기 물을 수십만 번은 내렸을 것이다. 이 기계는 아주 단순하다. 곡선형 도자기와 손잡이, 내부에 움직이는 부품 몇 개로 이뤄졌다. 전선이나 칩은 없다. 하지만 그 손잡이를 누르면 무슨 일이 일어나는지 설명할 수 있는가?

2주 전 화요일에 점심으로 무엇을 먹었는가?

당신은 분명 그곳에 있었고 그리 오래전 일도 아니다. 식당에 들어가 메뉴를 훑어보고 주문했거나 오전에 부엌 조리대에서 도시락을 싸 왔을 것이다. 한 입 베어 물고 맛있게 먹은 뒤 부스러기를 치웠다. 하지만 그 음식이 뭐였는지 정확히 기억하는가?

이 질문들은 어렵지 않다. 혹은 적어도 어렵지 않아야 한다. 하지만 우리는 씨름한다. 우리는 잠시 주의를 끌었던 것들을 대부분 기억할 수 없다. 안다고 생각했던 많은 것을 실제로는 모른다. 심지어 아주 잘 아는 것에 대해 소통할 때도 어려움을 겪는다. 우리의 두뇌는 모든 것을 정확하게 기록하고 처리하는 컴퓨터가 아니라 살로 덮인 불완전한 기계다.

이런 한계에도 불구하고 우리는 대체로 잘 지낸다. 보통은 아무 문제없이 신발 끈을 묶고 변기 물을 내리고 점심을 먹는다. 우리는 주변 세상을 능숙하게 활용하는 재주를 지녔다. 하지만 갑자기 다른 역할을 맡아 무언가를 설명하거나 만들거나 공유해야 하는 상황이 되면 곤경에 빠진다. 그때는 모든 것이 엉망이 된다.

의사소통은 대부분 근본적인 개념을 바탕으로 이뤄진다. 그 개념이란 우리가 항상 모든 면에서 타인의 말에 주의를 기울이고 이해하는 똑똑하고 자상하고 이성적인 존재라는 것이다. 하지만 우리의 본성과 우리가 만들어 놓은 세상 때문에 실제로는 전혀 그렇지 못하다.

이것이 바로 문제이며 수많은 메시지가 제대로 전달되지 않는 이유다. 솔직히 말해서, 우리는 멍청하고 바쁘다.

✦ 우리의 문제

우리가 불완전한 존재라는 것은 아름다운 진실이다. 갈등이 없으면 이야기는 흥미롭지 않고, 짠맛이 없으면 단맛은 덜 맛있게 느껴진다. 그리고 뇌가 매 순간 완벽히 작동하면 삶은 지루하면서도 스트레스가 많을 것이다.

우리가 이런 진실을 아는 것은 세상에 소수의 사람만이 모든 것을 주목하고 기억할 수 있기 때문이다. '초자서전적 기억hyperthymesia'이라는 희귀한 상태의 사람들은 자신의 삶을 영화처럼 생생히 되돌아볼 수 있다. 우리가 사진 갤러리를 훑어보듯 그들은 자기 자서전을 구성하는 사람과 장소와 사물을 떠올릴 수 있다. 기억이 완벽하지는 않지만 거의 완벽에 가깝다. 이 상태에 있으면 생일, 결혼식, 이별, 장례식 등 모든 일을 같은 수준으로 세세히 기억할 수 있다. 한 환자는 그것을 '멈추지 않고 통제할 수 없고 완전히 지치는' 상태라고 표현한다.[1] 이것은 결코 이상적인 상태가 아니다.

우리가 무시하고 잊는 것은 그것이 삶에 도움이 되기 때문이다. 하지만 전할 메시지가 있고 그것이 무시되거나 잊히지 않기를 원할 때는 이 생체 프로그래밍이 넘을 수 없는 벽으로 느껴진다. 그 영역을 이해하기 위해 우리의 큰 문제점 몇 가지를 살펴보자.

우리는 많은 것에 주의를 기울이지 않는다

짙은 베이지색의 평범한 복도에서 학생 여섯 명이 원형으로 움직인다. 반은 흰색 셔츠를 입고 반은 검은색 셔츠를 입었다. 색으로 나뉜 각 팀은 닫힌 승강기 문 앞에서 미소를 띤 채 서로 농구공을 패스하는 시범을 보인다.

패스를 시작하고 몇 초가 지나면, 고릴라 복장을 한 사람이 무리 사이로 걸어와 카메라를 바라보며 가슴을 치고는 다른 방향으로 사라진다. 학생들은 계속 공을 패스한다.

이상하지 않은가? 분명히 주의를 끌었을 만한 상황이다.

꼭 그렇지는 않다. 이 실험을 고안한 연구자들이 실험 참여자에게 흰색 셔츠를 입은 팀이 공을 몇 번 패스하는지 세라는 과제를 주고 그 장면을 보여 주자, 참여자들의 42퍼센트만이 고릴라를 알아차렸다. 놀랍게도 참여자들은 대부분 팀이 공을 패스한 횟수 15번을 정확히 셌지만, 이상한 점은 아무것도 보지 못했다.

심리학자 대니얼 사이먼스$^{Daniel\ Simons}$와 크리스토퍼 차브리스$^{Christopher\ Chabris}$가 수행한 이 유명한 연구는 '무주의 맹시$^{inattentional\ blindness}$'라는 희한한 현상을 보여 준다. 이는 우리가 뻔히 보이는 것도 알아차리지 못하는 상황을 말한다.[2] 바쁜 환경에서 주의를 끌려고 경쟁하는 어떤 과제나 자극에 정신이 팔리면, 우리는 바로 눈앞에 있는 것도 놓친다. 그것이 800파운드나 나가는 거대한 고릴라여도.

고릴라 복장이나 농구공에 특별한 점은 전혀 없다. 이런 '맹시' 현상은 흔히 발생한다.

운전하는 중 대화에 빠지면 '난데없이' 나타난 차량을 보지 못한다. 비디오게임의 유난히 어려운 레벨에 열중하면 방에 들어와 저녁 식사가 뭔지 묻는 배우자의 말을 알아차리지 못한다. 공항 라운지에서 업무 마감으로 급히 일을 처리하고 있노라면 출발 비행기 편을 알리는 요란한 마지막 안내 방송을 듣지 못한다.

우리의 눈이나 귀에는 아무 이상이 없다. 망막은 충실히 광경을 포착하고 시신경을 통해 대뇌피질로 감각을 전달한다. 고막의 진동으로 만들어진 전기신호는 청각 신경을 통해 뇌로 전달된다. 하지만 바로 앞에 있는 무언가가 의식 속에 자리 잡지 못하는 일은 자주 발생한다. 그 대신 뇌는 지름길을 택해 그곳에 있으리라 예상하는 것으로 빈칸을 채우고 하던 일을 계속한다.

불필요한 세부 사항을 무의식적으로 거르는 것은 진화적 관점에서 인간의 발달에 유리했다. 우리 앞에 나타나는 것을 하나하나 의식적으로 처리하고 고찰하는 일이 얼마나 피곤할지 상상해 보라. 우리의 선조들이 풀잎을 일일이 살펴보고 고민하며 둘러앉아 있었다가는, 나무 뒤에 숨어 있던 굶주린 포식자의 한가로운 점심거리가 되고 말았을 것이다. 하지만 광고 예산을 다 쓰고도 광고 노출을 위한 클릭률을 조금밖에 얻지 못한 마케팅 담당자는 말할 것이다. 누군가의 관심을 얻으려 한다면 이런 여과 성향은 도움이 되지 않는다고.

고릴라 실험을 수행했던 심리학자 사이먼스는 이렇게 말했다. "무주의 맹시 현상에서 나온 결론은 우리가 생각하는 것보다 세상을 훨씬 적게 본다는 것입니다… 우리는 주변에서 일어나는 일들을 세세히 알아차린다고 느끼죠. 하지만 사람들은 대체로 한 번에 하나의 목표에만 집중하는 것 같습니다."[3]

일부 추정에 따르면, 우리는 감각기관을 통해 매초 1,100만 비트bit(정보량의 최소 단위-옮긴이)의 정보를 받아들인다. 하지만 깨어 있는 뇌는 그중 약 0.0004퍼센트만 처리할 수 있는 능력을 갖췄다.[4] 정보를 비트 단위로 측정하기 한참 전, 19세기의 선구적 심리학자 윌리엄 제임스William James는 다음과 같이 썼다. "감각에는 외부 세계의 수백만 가지 요소들이 존재하지만, 그것들은 절대 온전히 내 경험 속으로 들어오지 못한다. 왜? 나는 그것들에 관심이 없기 때문이다. 경험이란 내가 주의를 기울이기로 동의한 것이다. 내가 주목하는 것만이 내 정신을 형성한다. 선택적 관심이 없다면, 경험은 완전한 혼돈 상태일 것이다."[5]

우리의 주의력은 소중하고 한정돼 있다. 우리는 그 주의력을 자신에게 중요한 것에 쓰기를 원한다. 자신의 목표와 연결되어 있고 생존과 번영에 도움이 되는 정보에 관심을 기울인다. 하지만 그러기 위해 별로 중요하지 않은 정보의 입력을 무의식적으로 거른다. 이는 시도 때도 없이 쏟아지는 메시지를 대부분 알아차리지 못한다는 것을 뜻한다.

우리는 거의 모든 것을 기억하지 않는다

2010년 12월의 어느 금요일 늦은 밤, 공포에 질린 젊은이 에런

시어혼Aaron Scheerhorn이 미국 휴스턴의 어느 나이트클럽 문 앞에 나타났다.⁶ 그는 셔츠를 젖히고 칼에 찔려 피가 나는 상처를 경비원들에게 보여 주며, 안전을 위해 클럽으로 들여보내 달라고 다급히 애원했다. 간절한 애원에도 불구하고 경비원들은 끝내 그를 들여보내지 않았고, 그는 곧 쫓아오던 덩치 큰 사내에게 따라잡혀 다시 칼에 찔리고 말았다. 시어혼은 근처 주차장으로 달아났지만 범인에게 여러 차례 더 칼에 찔렸다. 목격자의 증언에 따르면 범인은 이후 천천히 일어나 태연하게 현장을 떠났다. 그날 밤 늦게 시어혼은 인근 병원에서 사망 판정을 받았다.

끔찍한 사건이 벌어진 그날 밤, 여덟 명의 사람이 범인을 목격했다. 다음 날 그들 중 한 명이 용의자로 보이는 남자를 발견했다고 신고했다. 경찰은 용의자의 차량을 추적해 그의 이름이 라이덜 그랜트Lydell Grant라는 것을 알아냈다.

수사관들은 다른 목격자들에게 그랜트의 사진을 보여 주었다. 경비원 두 명은 그가 범인이라고 말했다. 클럽 손님 두 명도 그가 범인이라고 말했다. 주차장에서 사건을 목격한 행인 역시 그가 범인이라고 말했다. 결국 여덟 명의 목격자 중 여섯 명이 즉시 그랜트를 그날 밤 자신들이 본 범인으로 지목했다. 이를 토대로 경찰은 살인자를 찾았다고 확신했다.

며칠 후 경찰은 그랜트가 모는 차를 세우고 그를 체포한 뒤 1급 살인 혐의로 기소했다. 경찰은 몇 가지 다른 모호한 증거를 찾아냈다. 그의 차 트렁크에서 스키 마스크와 칼이 나왔고, 그의 손톱 밑에서는 신원을 알 수 없는 남성의 유전자가 채취됐다. 하지만 검사들은 목격자 여섯 명의 증언만으로도 사건을 입증한다고 판단했다. 2년 후인 2012년 12월 6일, 그랜트는 유죄판결을 받고 무기징역을 선고받았다.

그랜트는 시어혼을 죽이지 않았다.

DNA 증거의 힘과 비영리단체 '텍사스 무죄 입증 프로젝트Innocence Project of Texas'의 도움 덕분에, 그랜트는 2019년에 석방됐고 그의 유죄판결은 곧 공식적으로 뒤집혔다. 진짜 살인자인 저머리코 카터Jermarico Carter는 체포된 직후 범행을 자백했다. 그랜트의 약 10년에 달하는 삶을 앗아간 잘못된 유죄판결은 목격자 여섯 명의 부정확한 기억에 전적으로 의존한 결과였다.

안타깝게도 이런 사건은 드문 예외가 아니다. 로널드 코튼은 잘못된 목격자 진술 때문에 1985년에 강간 혐의로 기소되어 종신형을 선고받았다가 1995년에야 DNA 증거로 무죄를 입증받았다. 라이언 매튜스는 1999년에 근처 목격자들이 그를 범인으로 잘못 지목한 탓에 저지르지도 않은 범죄로 사형을 선고받고

5년간 수감 생활을 했다. '무죄 입증 프로젝트'에 따르면, 미국에서 DNA 증거로 무죄를 입증받은 사례 중 69퍼센트는 목격자의 오인 때문이며 그중 32퍼센트는 여러 목격자의 복합적 오인에서 비롯됐다.[7]

심지어 생사가 걸린 상황에서도 우리는 보거나 들은 것 혹은 실제로 일어난 일을 기억하는 데 어려움을 겪는다.

뇌에는 4가지 형태의 기억이 있다. 감각 기억, 단기 기억, 작업 기억, 장기 기억.[8] 감각 기억은 감각을 통해 들어오는 정보를 가장 먼저, 대단히 짧게 저장하는 기억이다. 기본적으로 우리 주변의 것을 모두 걸러 내고 의식에 도달할 만한 것을 고르는 문지기 역할을 한다. 주변에서 오는 모든 자극은 이 기억 단계에서 1초도 안 되는 시간 동안 들어왔다가 사라진다. 앞에서 언급했던 것이 이런 형태의 기억이다.

정보가 이 주의력 여과기를 통과하면 단기 기억에 도달한다. 단기 기억은 우리가 주변 세상에서 생각하고 행동할 때 세부 사항을 머릿속 가장 앞부분에 유지하는 곳이다. 방금 읽은 문장 또는 걸고 있는 전화번호 등이 이에 해당한다.

작업 기억은 단기 기억과 겹친다. 작업 기억 단계에서는 행동을 계획하고 실행하기 위해 정보에 접근하고 그것을 유지하며 조작한다. 작업 기억은 단기 기억을 활용하는 방식이다. 요리법 따르기, 수학 문제 풀기, 토론 참여하기 등이 이에 해당한다.

이 세 단계는 정보의 저장 용량이 작고 저장 시간도 짧다.

1956년에 발표된 영향력 있는 연구에서 하버드 대학교 심리학자 조지 밀러George Miller는 단기 기억의 일정한 한계를 발견했다.[9] 사람들이 숫자나 소리, 문자나 단어를 기억하려 하든 아니든 상관없었다. 조사한 모든 경우에서 그는 단기 기억의 한계를 발견했고 이를 바탕으로 논문에 〈마법의 숫자 7, 더하거나 빼기 2 The Magical Number Seven, Plus or Minus Two〉라는 제목을 붙였다. 밀러의 주장에 따르면 우리는 한 번에 정보 '덩어리chunks' 약 7개만을 머릿속에 안정적으로 가질 수 있다.

후속 연구에서는 단기 기억의 추정 용량이 4개로 줄어들었다. 또 다른 연구들은 이 용량을 시간으로 표현하는 것이 더 적합할 수도 있음을 보여 준다. 즉, 우리는 보통 약 2초 안에 말로 표현할 수 있는 양만을 기억한다.[10] 덩어리로 나누든 시간으로 나누든, 단기 기억의 용량은 매우 작다. 단기적으로 볼 때 정보를 유지하는 주의력과 기억 용량은 생각하는 것보다 훨씬 더 제한적이다.

우리는 또 다른 문제에 직면한다. 바로 기억이 빠르게 사라진다는 것이다. 저장 기간을 연장하기 위해 특별히 노력하지 않는

한 새로운 정보는 약 15초에서 30초 안에 사라진다. 그래서 영화를 볼 때 몇 장면 전 등장인물의 대사를 쉽게 기억하지 못하거나, 음식이 나올 때쯤엔 식당 메뉴판에 어떤 다른 메뉴가 있는지 잘 떠올리지 못하는 것이다. 우리의 뇌는 정보를 처리하고 활용한 뒤 목적을 다하면 곧바로 치워 버린다. 일부 정보는 장기 기억 저장소로 들어가지만 대다수는 그렇지 않다. 불필요한 정신적 잡동사니를 정리하는 망각은 예외적인 기능이 아니라 기본적으로 설정된 기능이다.

수많은 정보가 주의와 저장이라는 이중 장애물을 넘지 못한다. 따라서 우리는 이 장애물을 넘은 정보의 신뢰성에 의문을 가져야 한다. 저명한 연구자 엘리자베스 로프터스^{Elizabeth F. Loftus}는 기억이 "녹화된 비디오를 재생하는 것보다는 퍼즐 조각을 맞추는 것에 더 가깝다"라고 말한다.[11] 우리는 기억을 떠올릴 때마다 재생 버튼을 누르는 것이 아니라 그것을 재구성한다. 그리고 이 과정에서 실수를 저지르기 쉽다.

앞서 언급한 그랜트의 이야기와 잘못된 유죄판결을 받았다가 석방된 이들의 사례에서 목격자들의 증언은 틀렸다. 하지만 그렇다고 그들이 나쁜 의도를 가졌었다는 뜻은 아니다. 우리 대다수가 그러하듯 그들의 기억도 사진처럼 정확하지 않았다. 그리고 그 기억을 사용해야 하는 매우 중요한 순간에, 기억은 모든 관련자의 기대를 저버렸다. 그들은 흐릿한 기억을 재구성하려고 노력하며, 머릿속에서 몇몇 퍼즐 조각을 맞추고 상황에 따른 단서들로 나머지 부분을 채운 뒤 '좋아, 이 정도면 괜찮아'라고 생각했다.

목격자들은 특정 연구 환경에서 사진을 암기하는 것이 아니라, 스트레스가 많은 실제 상황, 대부분 어두운 공간과 먼 거리에서 상황을 바라보고 있었다. 받아들인 정보는 제한적이었고 저장된 정보는 그보다 훨씬 더 적었다. 유죄판결을 얻으려고 강압적으로 밀어붙이는 검사와 정면으로 맞섰을 때 그들의 불완전하고 제한된 기억은 전혀 상대가 되지 못했다.

우리는 안다고 생각하는 것을 실제로는 모르고 있다

무언가를 인지할 때, 심지어 무언가를 기억할 때, 우리는 그것을 정말로 알고 있는 걸까? 사실 우리는 많은 것을 알고 있고 많은 날을 대부분 무사히 보낸다. 하지만 자신이 실제로 아는 것보다 훨씬 더 많이 안다고 생각하기도 한다.

이 장의 시작 부분에서 언급했던 수세식 변기로 돌아가 보자. 개인위생에 관한 세부 사항을 제쳐 두더라도, 당신은 평생 물을 내려 왔을 것이므로 이 기기는 당신이 오랫동안 사용해 온 가장 친밀한 기술적 상호작용일 것이다. 하지만 500년 전으로 돌아간다면, 당신은 수세식 변기를 만들 수 있을까?

배관공이 아닌데 '그렇다'라고 대답했다면, 당신은 인간의 정신적 결함인 '설명적 깊이의 환상'에 빠졌을 가능성이 크다. 이 현상은 사람들이 복잡한 주제, 아이디어, 시스템 등을 실제로 이해하는 것보다 더 잘 알고 있다고 느끼는 것을 말한다.

이 개념을 확인하기 위해 처음 진행된 예일 대학교의 연구에서, 대학원생에게 속도계, 미국 대법원, 수세식 변기 등 일련의 장치나 시스템이 작동하는 법을 얼마나 잘 이해하고 있는지 추정하도록 했다. 참여자들은 자신의 지식을 평가한 뒤, 각 아이디어에 대한 상세한 설명을 작성하고 나서 이해 수준을 다시 평가했다.

결과는 어땠을까? 거의 모든 참여자가 설명에 어려움을 겪고 자신의 지식 등급을 낮추었다. 이 실험을 예일대나 명문 아이비리그 외의 학부생을 대상으로 되풀이했을 때도 같은 결과가 나타났다. 우리는 자신이 안다고 생각하는 것을 실제로는 모르고 있다.

이런 착각은 과대평가의 또 다른 특징인 '더닝 크루거 효과 Dunning-Kruger effect'와 관련이 있다. 이 잘 알려진 인지 편향은 경험이 부족하거나 무능한 사람이 자기 능력이나 성과를 과대평가하는 경우를 뜻한다. 이 현상은 우리 주변에서 흔히 볼 수 있다. 성적이 나쁜 학생은 자신이 실제보다 더 좋은 성적을 받고 있다고 생각하고, 실력이 부족한 체스 선수는 자신의 승리 가능성을 실제보다 더 높게 평가한다. 특히 충격적인 예로, 평범한 영국 남성 중 12퍼센트는 테니스 경기에서 역사상 가장 위대한 선수인 세레나 윌리엄스를 상대로 1점을 따낼 수 있다고 믿는다. 우연하게도, 이 수치는 늑대와 몸으로 싸워 이길 수 있다고 생각하는 지나치게 자신만만한 미국인의 수치와 똑같다.[13]

종합하면, 이러한 단점들은 **그림 1.1**에서 보이는 것처럼 우리가 의사소통할 때마다 항상 드러난다. 세상 밖에서 얻은 정보를 우

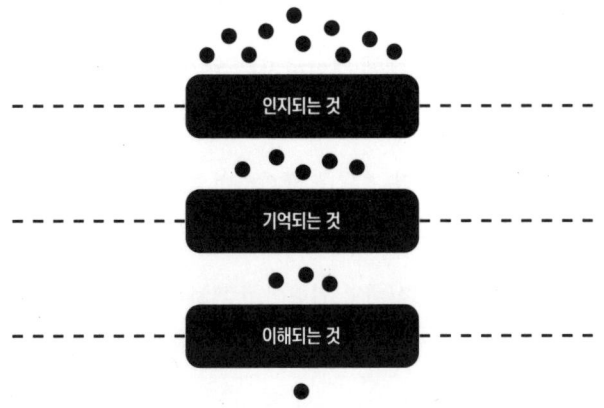

그림 1.1 인지되는 것은 일부이고 기억되는 것은 그보다 더 적다. 그리고 이해되는 것은 극소수에 불과하다.

리의 둔한 머릿속에 받아들이는 모든 과정에서 우리는 문제에 직면한다. 아주 미세한 주의력과 집중력조차 하나의 작은 기적이다.

✦ 다른 모든 것의 문제

이 모든 결함은 우리를 불완전한 기계로 보이게 한다. 하지만 우리는 고장 난 것이 아니다. 물고기가 나무에 오를 수 없거나 달팽이가 날 수 없다고 해서 고장 난 게 아닌 것처럼. 그저 이런 상황에 맞게 설계되지 않았을 뿐이다. 우리는 불완전하다. 하지만 그것은 도덕적 결함이 아니다. 그냥 그런 것이다.

문제는 우리가 우리에게 적합하지 않은 세상을 만들었다는 점이다.

25만 년 전 아프리카 초원을 배회하던 초기 조상들은 끝없는 지평선에 가득 들어선 광고판이나 화면에 뜬 수많은 알림에 의존하지 않았다. 그 대신 실제로 위협이 존재하는 세상에서 (우리를 잡아먹고 싶어 하는 것들을 오늘날보다 훨씬 많이 상대하며) 진화했다. 그리고 적보다 한발 앞설 수 있도록 주변 상황을 빠르게 살피고 주의를 돌릴 수 있는 행동 양식을 발달시켰다. 바스락거리는 나뭇가지 소리나 움직이는 그림자는 근처에 포식자가 있다는 신호일 수 있었으므로 그들은 즉시 눈을 크게 뜨고 귀를 쫑긋 세워 위협을 판단했다.

당신과 내가 이곳에 있다는 사실이 증명해 주듯, 우리 조상들은 잡아먹히지 않는 일에 아주 능숙했다. 그들의 뇌는 제대로 작동했다! 그들의 주의력과 기억력 필터는 제 역할을 했다.

하지만 지금 우리는 과거 검치호랑이에게 받던 위협을 우리의 집과 주머니 속으로 불러들였다. 기기들은 끊임없이 울려 대며 어떤 긴급한 일에서 다음 긴급한 일로 우리의 정신을 계속 뒤흔든다. 그리고 그 속도는 점점 더 빨라지고 있다.

산만함의 황금시대

학기마다 학부생들을 가르칠 때 휴대전화를 꺼내 설정으로 들어가 하루 화면 사용 시간을 확인하라고 말한다. 그런 다음 가장 큰 숫자를 외쳐 보라고 한다. 다음은 몇몇 학생의 대답이다. "5시간 23분", "6시간 14분", "7시간 51분".

24시간이라는 맥락에서 보면, 이 숫자들은 놀랍기는 해도 특별히 이상하진 않다. 미국에서는 성인의 57퍼센트가 매일 5시간 이상 휴대전화를 사용한다.[14] 나 역시 예외는 아니어서, 이 글을 쓰던 주에는 하루 평균 4시간 7분 동안 휴대전화를 사용했다.

스마트폰부터 컴퓨터, 텔레비전, 라디오, 책, 신문, 잡지에 이르기까지 모든 매체로 시야를 확장하면, 미국인들은 하루 평균 13시간 이상 메시지를 뇌에 받아들이는 것으로 나타난다.[15] 잠자고 씻는 시간을 제외하면 사실상 하루 종일인 셈이다.

이 시간 동안 우리는 친구와 가족, 단체와 모임, 광고주 등이 보낸 수천 개의 이미지와 메시지를 보고 또 받는다. 그리고 이 모든 것은 알고리즘 피드(일련의 규칙을 기반으로 콘텐츠를 정렬하고 표시하는 방식-옮긴이) 속에서 뒤섞인다. 일부 마케터들의 추정에 따르면, 우리는 중독성 있게 설계된 스마트폰과 앱을 사용하면서 다양한 피드를 하루 평균 110미터 가까이 스크롤한다. 이는 자유의 여신상보다 높은 거리다. 스마트폰만 이처럼 많이 사용하다 보니, 의사들은 '방아쇠수지증후군 smartphone finger'이라는 새로운 질병이 나타났다고 보고했다. 이는 끊임없이 화면을 스크롤하거나 터치하는 동작 때문에 생기는 일종의 건염腱炎(힘줄에 생기는 염증-옮긴이)이다.

정보 과부하와의 싸움은 새로운 것이 아니지만, 이제 싸움은 새로운 국면에 접어들었다. 1255년 도미니크회 수도사이자 백과사전《Speculum Maius(커다란 거울)》의 편찬자였던 뱅상 드 보베Vincent of Beauvais는 '수많은 책, 시간의 부족, 기억력의 한계'에 대해 한탄했다.[16] 이는 인쇄기가 발명되어 문자가 폭발적으로 증가하기 200년 전의 일이었다. 수 세기가 지나면서 신문과 라디오와 텔레비전이 '시간의 부족' 현상을 더욱 부추겼다. 그리고 점점 더 빠르게 변화하는 현대에 들어서면서 상황은 더 악화하고 있다.

사람들은 이 정보의 홍수에 맞서 살아남기 위해 애쓴다. 수백만 명이 광고 차단 프로그램을 설치하고 일제히 구독을 취소한다. 알림을 더 빠르게 처리할 수 있는 스마트워치를 산다. 하지만 이런 노력은 소용없다. 그 반대 방향으로 밀고 나가는 강력한 힘이 점점 더 많은 보상을 제공하며 자극하기 때문이다. 우리는 산만함의 황금시대에 살고 있고, 이 소음을 뚫고 나가는 것은 그 어느 때보다 더 어렵다.

디자이너 돈 노먼Don Norman은 그의 책 《Emotional Design(이모셔널 디자인)》에서 이 산만한 기술들이 일으키는 문제의 핵심을 설명한다. 그 기술을 사용하여 "당신은 매우 특별한 종류의 활동을 하고 있다. 동시에 다른 2개의 공간에 존재하기 때문이다. 하나는 당신이 물리적으로 있는 공간이고 다른 하나는 정신적 공간, 즉 대화 상대방과 상호작용하는 마음속의 사적인 공간이다."[17]

이 분열된 의식은 홍수처럼 쏟아지는 정보와 결합해 우리의 초기 조상은 물론이고 증조부모조차 알아볼 수 없는 낯선 세상을 만들었다. 일부 연구에 따르면, 우리는 수렵 채집인보다 적은 여가 시간을 가질 만큼 바쁘게 산다. 그리고 하루에 평균 120통의 이메일과 50개의 알림을 받느라 주의가 산만하다. 이 모든 정보를 처리하며 따라가는 것은 사실상 불가능하다.[18]

기본값은 무관심이다

당신만 그런 것이 아니다. 데이터에 따르면 현재 소셜 미디어의 추세는 불과 몇 년 전보다 더 빠르게 변하고, 최신 책과 영화에 대한 관심은 예전보다 더 빨리 사라지고 있다.[19] 해마다 더 많은 정보가 쏟아진다. 관심을 끌려고 밀려오는 각각의 파도 뒤에는 더 큰 파도가 기다리고 있다. 이 풍요의 시대에 정보의 홍수는 절대로 멈추지 않는다.

미국 인구의 거의 4분에 3에 해당하는 사람들은 광고가 너무 많다고 말한다. 그중에서도 주의를 가장 많이 빼앗는, 시끄럽게 자동 재생되는 비디오 광고를 단연코 가장 짜증스럽게 여긴다.[20] 사람들 대다수는 광고 차단 프로그램을 설치하거나 습관을 바꾸는 등 가능한 모든 방법을 동원해 광고를 피하려 한다. 미국의

4개 주^州에서는 심지어 옥외 광고판 설치를 금지하고 있다.

이처럼 짜증을 유발하는 광고 공격에 대응하는 방법은 관심을 끊는 것이다. 우리는 기본적으로 무시하는 쪽을 선택한다.

'배너 광고 회피 Banner blindness'는 원하지 않는 메시지를 차단하는 일종의 선택적 주의 현상으로, 컴퓨터 사용자에게서 수십 년 동안 관찰되었다.[21] 우리 뇌는 웹사이트와 앱을 사용할 때 광고와 광고처럼 보이는 것들을 무시하도록 훈련되어서, 한 번도 방문한 적 없는 웹사이트에서도 본능적으로 광고를 건너뛰는 방법을 알고 있다. 우리는 이런 메시지들을 말 그대로 보지도 않고, 받지도 않는다. 정보를 전달하려는 신호는 소음 속에 묻혀 버린다.

소통의 이런 집단적 실패는 우리의 핵심적이고 근본적인, 너무나 명백한 동기에서 비롯된다. 즉, 우리는 자신이 원하는 대로 하고 싶어 한다.

솔직히 말해서 우리는 자신에게 중요하지 않은 것들을 신경 쓰지 않는다. 우리는 친구와 가족, 스포츠 팀과 정당, 취미와 신앙을 사랑하고 많은 관심을 둔다. 여러 다른 주제들은 우리에게 중요하며 주의를 사로잡는다. 하지만 무언가 우리의 목표나 욕구에 들어맞지 않다고 판단하면 곧바로 다음 주제로 관심을 옮긴다. 그리고 이런 '다음 주제'들은 그 어느 때보다 많아졌다.

이런 혼란을 만든 것도, 그 혼란에서 우리를 꺼낼 수 있는 것도 우리의 뇌다. 앞에서 보았듯이 의사소통을 시도하기도 전에 판은 불리하게 짜여 있다. 우리의 생물학적 구조와 심리 상태는 소음을 차단하려는 경향을 보인다. 그리고 우리가 만든 세상은 잡동사니와 혼돈으로 가득 차서 무엇이든 그것을 뚫고 나오는 것은 기적 같은 일이 되어 버렸다.

우리는 석기시대의 뇌로 스마트폰 전투에 나서고 있다. 우리가 진다고 해도 그것은 우리 잘못이 아니다.

하지만 쉽게 굴복할 수는 없다. 우리에게는 해야 할 중요한 말이 있고, 해야 할 운동이 있고, 일으켜야 할 혁신이 있다. 의사소통은 사업, 우리 삶, 사회의 대규모 프로젝트 등에 매우 필수적이어서 실패하도록 내버려둘 수 없다. 의사소통은 인간성의 본질이다. 따라서 의사소통을 올바로 하려면 인간의 한계를 인정하고 받아들여야 한다. 장애물을 극복하고 목소리를 전달하는 것은 우리의 책임이다.

실제로, 이를 실천하는 방식에는 과학적 근거가 숨어 있다.

우리 머릿속에서 일어나는 일

우리가 창작하거나 소통할 때마다 수많은 세부 요소가 영향을 미친다. 다음은 보내는 이에게서 받는 이에게로 메시지가 전달되는 과정을 이해하기 위해 논의할 개념들의 목록이다.

- **가용성 편향** Availability bias: 우리는 쉽게 접근할 수 있는 생각이나 정보를 더 자주 활용한다.
- **복잡성 편향** Complexity bias: 우리는 상황이나 과제, 문제점을 실제보다 더 복잡하게 보는 경향이 있다.
- **거짓 동의 효과** False-consensus effect: 우리는 자신의 의견과 선택이 더 널리 공유되고 있다고 과대평가하는 경향이 있다.
- **유창성 휴리스틱** Fluency heuristic: 우리는 쉽게 지각되고 이해되는 상황이나 아이디어를 더 호의적으로 판단하는 경향이 있다.
- **동질성 편향** Homophily: 우리는 자신과 비슷한 사람들과 어울리는 경향이 있다.

- **도구성 휴리스틱** Instrumentality heuristic: 우리는 가끔 더 많이 노력해야 하는 과제를 선호하지만, 목표를 추구하려는 동기가 있을 때만 그렇다.
- **자신감 과잉 효과** Overconfidence effect: 우리는 특히 경험이 부족한 영역에서 자신의 성과와 지식, 능력을 과대평가하는 경향이 있다.
- **선택적 주의** Selective attention: 우리는 다른 세부 사항을 무시하고 특정 과제에만 집중하는 능력을 지녔다.

2장
단순함의 필요성

단순함은 복잡함보다 더 어려울 수 있다.
단순하게 만들려면 사고를 명확히 하기 위해 열심히 노력해야 한다.
하지만 이 노력은 그만한 가치가 있다.
단순함의 경지에 도달하면 불가능해 보이는 일도 해낼 수 있기 때문이다.
— 스티브 잡스

2020년 3월, 2주 동안 우리가 알던 세계는 끽 소리를 내며 멈췄다. 미국 프로 농구 협회[NBA]는 경기 도중 갑자기 시즌을 종료했다. 유람선들은 항해 금지 명령에 따라 즉시 운항을 멈췄다. 미국에서 가장 큰 뉴욕시 공립학교 시스템은 문을 닫았다. 새로운 바이러스인 코로나19 때문에 현대인의 삶은 그대로 멈춰 버렸다.

하지만 인류가 은신처로 들어가 사회적 거리 두기를 시작하자, 지구상의 이웃들은 정반대로 행동했다. 소셜 미디어에 올라온 암울한 글들 사이로, 사람들은 평소에 혼잡했던 이스탄불 보스포루스 해협에서 수영하는 돌고래, 산티아고의 도시 거리를 배회하는 쿠거, 샌프란시스코 금문교를 건너는 코요테의 사진들을 보았다. '자연이 치유되고 있다'라는 말은 더 조용하고 차분해진 세상이 환경에 미치는 영향을 보며 우리가 자주 쓰는 표현이 되었다.

하룻밤 사이에 도시의 소음은 지난 세기 중반 이후 한 번도 본 적 없는 수준으로 떨어졌다. 도로 교통량과 하늘의 비행기 수가 줄어들면서 도시는 1950년대로 돌아간 듯 조용해졌다. 그해 봄, 으스스하게 고요한 맨해튼을 자전거로 돌아다녔던 기억이 난다. 바늘 떨어지는 소리까지 들릴 정도로 조용했다.

이 고요함은 도시에 사는 많은 사람들이 잠을 잘 자는 데 도움을 주었을 뿐 아니라 도시에 사는 새들이 새로운 방식으로 번성할 수 있게 했다. 새들은 새로 찾은 평화 속에서 더 복잡하고 미묘한 노래를 부른 것으로 드러났다.[3] 이후 몇 달 만에 현대 생활의 소음이 돌아왔을 때, 연구자들은 새의 노래에서 그런 미묘함이 사라졌다는 사실을 발견했다. 새들은 소음을 뚫기 위해 더 크고 단순한 소리로 노래했다.

깃털 달린 친구들조차 복잡하고 소란스러운 세상에서 의사소통이 어떻게 이뤄지는지 안다. 새든 사람이든 상대방에게 자신의 메시지를 전하고 싶다면, 메시지를 단순하게 만들어야 한다. 하지만 우리는 새들보다 유리한 위치에 있다. 우리를 혼란에 빠뜨린 바로 그 두뇌를 이용해 이 상황에서 벗어날 수 있기 때문이다.

✦ 단순함이란 무엇인가?

이 책의 시작 부분에서 소개한, 의사소통 분야에서 쓰이는 단순함의 정의로 돌아가 보자.

> 단순함: 메시지가 쉽게 인식되고 이해되어 곧바로 행동으로 이어지는 경우

다시 말해, 단순함은 과학자들이 '유창성 fluency'이라 부르는 특성에서 비롯된다.

우리는 이 단어를 이미 알고 있다. 영어나 스페인어나 중국어를 '유창하게' 구사한다. 체스나 요리, 포도주나 목공에 '능숙하다'. 유창하거나 능숙한 분야에서는 모든 일이 빠르고 쉽고 매끄럽게 진행된다. 유창성이라는 단어는 '흐르다'라는 뜻의 라틴어 '플루엔스 fluens'에서 유래한다. 이는 유창성이 주는 느낌 그대로다.

심리학자와 신경과학자가 말하는 유창성은 일련의 경험을 의미하는데, 이는 지각 유창성과 처리 유창성이라는 2가지 주요 범주로 요약할 수 있다.

+ **지각 유창성**: 정보를 얼마나 쉽게 알아차리는가?
+ **처리 유창성**: 정보를 얼마나 쉽게 이해하는가?

다양한 요인에 걸친 방대한 양의 증거가 말해 주듯, 우리는 본래 더 쉽게 지각하고 처리할 수 있는 것에 편향되어 있다. 메시지나 개념이 쉽게 느껴질수록, 우리는 더 잘 믿고 신뢰하고 선호하고 선택한다.

유창성에 대한 우리의 태도를 보여 주는 어이없는 예로, 주식 시장의 변동을 살펴보자. 기업들은 상장할 때 거래소에 따라 최대 4~5개의 문자로 이뤄진 시세표 기호를 정한다. 월마트는 WMT, 테슬라는 TSLA, 맥도널드는 MCD로 알려져 있다. 이론상 이런 약칭 기호는 기업의 실적과 아무 관련이 없어야 한다. 기업의 가치 평가에서 성장(또는 쇠퇴)에 동력을 공급하는 것은 지도력과 시장 상황, 기술적 돌파구이지 무의미한 문자의 집합이 아니다.

글쎄, 반드시 그렇지는 않다. 저명한 학자인 애덤 알터Adam Alter

와 대니얼 오펜하이머Daniel Oppenheimer는 1990년부터 2004년까지 상장한 약 1,000개 기업의 목록을 조사했다.[2] 그리고 그 기업들을 두 집단으로 나누었다. 발음할 수 있는 시세표 기호의 기업과 발음할 수 없는 시세표 기호의 기업으로. 각 집단의 과거 실적을 되돌아보니, 더 쉽게 발음할 수 있는 기호의 주식이 읽을 수 없는 기호의 주식보다 정기적으로 더 높은 수익률을 기록했다. 당신이 단순하고 읽기 쉬운 기호의 주식에 1,000달러를 투자하고, 당신의 친구가 발음할 수 없는 기호의 주식에 같은 금액을 투자했다면, 거래 첫날부터 당신의 수익률은 친구보다 85달러 앞설 것이다. 이 효과는 상장 후 초기 급등기가 지나면 줄어들지만, 긍정적인 영향은 수년간 사라지지 않는다.

투자자들이 기업명을 말하기 쉽고 마음속에 간직하기 쉬울수록 그 기업을 기억하고 투자할 가능성이 커진다. GOOGL, DIS, PEP을 기억하는 것이 CMCSA, ACN, VZ를 기억하는 것보다 정신적으로 덜 부담스럽다(각각 구글, 디즈니, 펩시, 그리고 컴캐스트, 액센츄어, 버라이즌을 나타낸다).

더 명확하고 쉽게 발음할 수 있는 이름을 선호하는 경향은 주식을 넘어 이사회까지 확장된다. 심지어 길이, 특성, 민족성을 설명할 때도 우리는 보통 더 쉽게 발음할 수 있는 이름들을 긍정적으로 판단한다. 여러 연구에서 밝혀진 바에 따르면, 우리는 더 쉬운 이름을 가진 후보자에게 투표할 가능성이 더 크다. 더 단순한 이름을 가진 변호사들이 경력에서 더 앞서 나간다. 전반적으로, 말로 더 쉽게 표현할 수 있는 것들이 (공평하든 아니든) 더 호감을 얻는 경향이 있다.[3]

유창성 편향에 관한 한, 단순한 이름을 선호하는 경향은 빙산의 일각일 뿐이다. 우리가 보는 거의 모든 곳에서 유창성은 우위를 점한다. 예를 들면 다음과 같다.

+ 읽기 쉬운 글꼴로 인쇄된 제품이 흐릿하거나 빽빽하거나 읽기 어려운 글로 표시된 제품보다 팔릴 가능성이 더 크다.
+ 탁하고 명암이 불분명한 배경의 사진보다 명암이 뚜렷한 배경의 사진이 더 예쁘다고 평가한다.[4]
+ '어'와 '음' 없이 깔끔한 연설은 연결이 매끄럽지 못한 연설보다 더 믿을 만하다고 여긴다.
+ 방문자들은 로딩 속도가 빠른 웹사이트에서 더 많은 시간과 돈을 쓴다.
+ 운율이 있는 문장이 운율이 없는 문장보다 더 진실하다고 판단한다.

일상생활에서도 이런 현실을 직접 파악할 수 있다. 우리는 까다로운 지시에 따라 세금을 신고하는 것은 괴로워하지만, 흥미진진한 소설에 빠져드는 기회는 즐긴다. 아마존을 비롯한 전자 상거래 기업들은 쉽게 클릭 한 번으로 계산하는 경험을 주기 위해 구매 과정의 장애물을 가차 없이 제거해 우리의 신용카드 청구서를 긁어모았다. 쉬운 일은 긍정적인 감정과 행동을 불러일으키고, 어려운 일은 그 반대의 감정과 행동을 초래한다.

유창성은 마음으로 통하는 문에 달린 기름칠 잘된 경첩과 같다. 그 문을 열기 쉬울수록 메시지를 받아들일 가능성은 커진다. 경첩이 녹슬고 자물쇠가 혼란스러워 문 여는 일이 힘들수록 그 문을 사용할 가능성은 낮아진다.

✦ 단순함의 설계

의사소통에서 유창한 단순함을 이루고 싶다면 어떻게 해야 할까? 해답은 설계다.

간단히 정의하면, 설계란 목적을 가지고 창조하는 것을 뜻한다. 설계는 예술적 기능이 아니라 비즈니스적 기능이다.

분명히 해 두자. 이 책은 시와 그림이 아니라 달러와 센트에 관한 책이다. 세상에는 창조적 추구 속에 제멋대로 뻗어 나가는 아름답고 섬세한 복잡성을 위한 공간이 많다. 그리고 그런 공간이 없다면 이 세상은 꽤 음울한 장소일 것이다. 예술을 창조하는 중이라면 이 책이 아니라 예술적 영감을 따라가라.

하지만 정보를 제공하거나 설득할 목적으로 의사소통할 때는 메시지를 설계해야 한다. 설계에는 목표가 있다.

설계는 다양한 형태로 나타난다. 나는 10년 동안 마케팅 회사를 운영하며 다양한 설계 작업을 했다. 학교와 학부모가 의사소통할 수 있는 모바일 앱, 관광객이 명소 방문 계획을 세우는 데 도움을 주는 웹사이트, 기업이 제품을 시장에 출시할 수 있도록 하는 브랜드 정체성 등을 설계했다. 내 친구 중에는 건물과 다리를 설계한 친구도 있고, 제품과 그 제품이 들어가는 용기를 만든 친구도 있다. 화려한 패션 디자이너나, 막후의 정보 설계자인 친구도 있다. 일을 완수하기 위해 유형이든 무형이든 무언가가 준비되어야 하는 곳이라면 어디에나 설계자가 있다.

하지만 의사소통하는 방식도 그런 일 중 하나임을 기억하지 못할 때가 많다. 인터페이스 설계와 광고 디자인의 결과를 보면서도, 단어와 의미는 별개의 것으로, 다른 것과 달리 설계가 필요

없다고 여긴다. 효과적인 의사 전달자는 메시지를 설계할 수 있는 것, 설계되어야 하는 것으로 본다.

설계자는 제약에 대처한다. 지금까지 우리는 의사소통을 어렵게 만드는 우리의 한계와 환경을 파악했다.

설계자는 결과에 대처한다. 우리는 복잡하고 과장되고 불분명한 메시지의 위험성을 살펴보고 그런 메시지가 왜 전달에 자주 실패하는지 알아볼 것이다.

그다음에는 무엇이 효과적인지, 즉 효과가 있는 유일한 전략인 단순함에 대해 설명할 것이다.

사용자와 제약과 결과를 고려해 설계라는 관점에서 단순함을 바라보면, 우리는 모든 효과적인 메시지가 공유하는 5가지 원칙을 발견하게 된다. 각 원칙을 실행에 옮기면 유창성의 이점을 얻고 유능한 의사 전달자가 될 수 있다. 이 모든 원칙을 함께 적용하면 진정한 마법을 만들 수 있다.

유익함

단순한 메시지는 받는 이를 우선시한다. 받는 이의 목표, 필요, 욕구에 초점을 맞춘다. 받는 이에게 어떤 이점이 있을까? 받는 이에게 어떤 도움을 주는가?

모든 의사소통에는 두 당사자가 관여하지만, 그들이 동등하지는 않다. 편지를 보내는 이가 우편 요금을 내야 하듯, 메시지를 보내는 이는 의사소통의 실제 비용과 비유적 비용을 부담해야 한다. 왜 그럴까? 보내는 이는 구매나 투표, 기부를 원하는 데 반해, 받는 이는 그런 것을 하지 않아도 아무 이상이 없기 때문이다.

초점

단순한 메시지는 중요하지 않은 것을 모두 없앤다. 모든 것은 요점을 전달하기 위해 존재한다. 주의를 산만하게 하는 것들은 철저히 제거된다. 무의미하고 진부한 이야기, 쓸모없는 허풍, 이야기에 필요 없는 요소는 모두 받는 이의 주의를 앗아 가는 또 다른 원인이다. 당신에게는 목소리를 전할 작은 창이 있을 뿐이다. 그러니 그 창을 낭비하지 마라.

설계는 장식과 다르다. 장식은 무언가를 '예쁘게 꾸미기 위해' 장식물을 덧붙이는 것이다. 차에 크롬 펜더를 추가하거나, 반짝이는 장신구를 착용하는 것은 장식이다. 그 자체로는 아무 문제가 없지만, 장식은 예술이고 설계는 비즈니스다. 따라서 설계에는 초점이 필요하다.

돋보임

단순한 메시지는 눈에 띈다. 심리학자와 신경과학자들은 '현저성 salience'이라는 용어를 사용해 사물이 군중 속에서 얼마나 두드러지고 우리의 주의를 끄는지 설명한다.

시끄러운 세상에서 주의를 끌고 싶다면 뚜렷하게 구별되어야 한다. 뇌는 반복되는 자극에 쉽게 적응하여 비슷한 것들을 흐릿한 배경으로 만든다. 따라서 그렇지 않은 것들에 더 주목하는 경향이 있다.

대조는 다양한 방식으로 이뤄질 수 있다. 외모, 억양, 크기나 길이, 부피, 양식, 배치 등으로 대조를 이룰 수도 있고 다른 여러 속성을 조절해서 대조를 이룰 수도 있다. 모든 대조는 차별화로 귀결된다. 다른 메시지가 저리로 가면 돋보이는 메시지는 이리로 간다. 단순한 것은 눈에 띄고 복잡한 것은 눈에 잘 띄지 않는다.

공감

단순한 메시지는 받는 이에 대한 이해를 보여 준다. 공감을 담은 메시지는 받는 이의 언어로 말하고 받는 이의 현실에 통찰을 드러낸다. 이러한 메시지는 전문용어, 깊고 광범위한 예비지식, 난해한 단어로 가득한 사전 따위를 필요로 하지 않는다.

마케팅 전문가이자 작가인 마이클 벤투라[Michael Ventura]는 저서 《Applied Empathy(응용 공감)》에서 이렇게 말한다. "공감은 다른 이의 관점에서 세상을 보게 하며, 이를 통해 우리는 새롭고 개선된 사고방식과 존재 방식, 행동 방식으로 이어지는 통찰력을 얻는다."[5] 공감형 의사 전달자들은 청중의 관점에서 생각하며, 그 과정에서 더 깊은 이해와 연결을 끌어낸다.

간결함

단순한 메시지는 필요한 모든 것을 담되 필요한 것만을 담고 있다. 최소한의 의존 요소만을 필요로 하므로, 실패할 가능성이 있는 지점도 최소한이 된다.

간결함은 대개 짧은 길이와 관련이 있지만, 짧은 길이가 목표라는 뜻은 아니다. 오히려 간결함의 척도가 되는 속성은 마찰이다. 더 많은 요소가 있다는 것은 더 많은 마찰이 생기고 더 큰 노력이 필요함을 뜻한다. 마찰이 적을수록 유창성은 커진다.

✦ 단순함의 우위

하지만 이 모든 것이 왜 그렇게 중요할까? 본성이 우리를 한 방향으로 밀어붙인다면, 왜 반대 방향으로 밀어내려고 애써야 할까? 그것은 우리가 이 장의 시작 부분에 나오는 새들과 매우 비슷하기 때문이다. 우리는 완벽한 조건이라는 호사를 누릴 수 없지만, 이 불완전한 환경에서도 여전히 소통해야 한다. 결국, 단순함이 우리의 앞길이다.

단순함은 검증된다

단순함은 새롭지 않다. 전혀 새롭지 않다. 실제로 이 개념은 모든 세대와 모든 분야에서 꾸준히 검증됐다.

가장 주목할 만한 것은 14세기 오컴이 자신의 이름을 딴 경험 법칙 '오컴의 면도날'로 널리 기억된다는 점이다. 이 법칙에 따르면 더 단순한 설명일수록 옳을 가능성이 크다. 과학과 의학, 역사를 통틀어 우리 주변에서 일어나는 일의 이유를 찾을 때, 우리는 가장 단순한 설명, 즉 가정이 가장 적고 거쳐야 할 단계가 가장 적은 설명이 올바른 답이라는 것을 계속해서 발견한다. 오컴이 등장하기 1,000여 년 전에, 아리스토텔레스[Aristoteles]는 "자연은

가능한 한 가장 단순한 방식으로 작동한다"라고 말했다.[6]

17세기 초 윌리엄 셰익스피어는 비극 《햄릿》에 "간결함은 재치의 영혼이다"라고 썼으며, 그 후 퀘이커 교도들은 '간소함의 증언'을 신앙의 지침으로 삼았다. 20세기에 미국 해군은 "단순하게 해, 바보야 Keep it simple, stupid"라는 의미를 담은 KISS 원칙을 대중화했다. 이 직설적인 원칙은 전투기 설계부터 디즈니 영화 제작까지 다양한 분야에 적용됐고 프로그래머와 정치인의 업무 수행에도 큰 영향을 미쳤다.

오늘날 문화가 점점 더 빠르게 변하는 가운데 단순함에 대한 요구가 여기저기서 생겨나고 있다. 간소함을 추구하는 곤도 마리에 Marie Kondo의 책 《인생이 빛나는 정리의 마법 The Life-Changing Magic of Tidying Up》은 엄청난 인기를 끌어 (일부 굿윌 스토어의 기부 물품이 최대 66퍼센트까지 급증할 정도로 인기가 높았다[7]) 넷플릭스 시리즈뿐 아니라 원작을 모방한 베스트셀러 패러디 책들에도 영감을 주었다. 곤도와 함께 스트리밍 및 베스트셀러 도서 순위 상위권에 있는 다른 인플루언서들과 작가들도 금욕주의의 엄격한 교리를 재해석하고 있다. 일상의 소음을 차단하는 명상 앱은 꾸준히 다운로드 목록 상위권을 차지한다. 그런 앱이 실행되는 스마트폰의 제조사들은 주의를 산만하게 하는 요소를 줄이는 도구들을 출시했다. 내적 혼란을 마주해야 했던 팬데믹 이후, 인테리어 디자이너들은 "미니멀리즘이 유행이다"라고 말한다. 브랜드들도 단순한 미학을 추구하며 장식과 복잡성을 제거하고 있다.

현대 소비자 환경에서, 스티브 잡스Steve Jobs와 조니 아이브Jony Ive가 디자인한 우아하면서도 단순한 애플 제품들은 세계 최대 기술 기업에 수십억 달러를 벌어 주었을 뿐 아니라 무수히 많은 산업에 종사하는 수많은 창작자에게도 영감을 주었다. 하지만 그전에 잡스와 아이브에게 영감을 준 인물은 디터 람스Dieter Rams였다. 독일 소비재 브랜드 '브라운Braun'의 창의적 원동력이었던 람스는 디자인 역사상 가장 영향력 있는 인물로, 단순함의 사려 깊은 옹호자였다. 그의 철학은 수 세기에 걸친 인류의 경험을 다음과 같이 요약한다. "좋은 디자인은 가능한 한 적은 디자인이다. 디자인이 적을수록 본질에 집중할 수 있어 더 좋으며, 제품에 불필요한 군더더기도 없어진다. 순수함과 단순함으로 되돌아가자."[8]

어느 시대에나 도전과 불확실함을 마주하면 우리는 똑같은 원칙으로 돌아간다. 우리가 승리하는 것, 우리가 원하는 것, 우리를 움직이게 하는 것은 바로 '적을수록 좋다'는 원칙이다.

단순함은 친절하다

미국의 애니메이션 스튜디오 픽사는 영화 〈토이 스토리〉 이후 내놓는 작품마다 큰 인기를 얻었다. 픽사의 작품은 상업적 성공을 거두고 비평가들의 찬사를 받고 문화적으로 사랑받았다. 업계에서는 픽사의 스타일을 모방했고, 성공 비결을 파악하기 위해 이 회사를 면밀히 관찰했다. 2012년, 픽사의 스토리보드 아티스트인 엠마 코츠Emma Coats는 세계 최고 수준의 협업자들에게서 얻은 스토리텔링 규칙 목록을 공유했다. 그중 하나는 "작가에게 재미있는 요소 말고 관객에게 흥미를 불러일으키는 요소를 늘 염두에 두어야 한다"라는 것이었다.⁹

받는 이에게 초점을 맞춘다는 면에서 단순함은 친절함의 한 형태다. 타인의 시간과 욕망을 존중하는 것은 너그러운 태도다. 타인의 입장이 되어 보는 것은 공감하는 태도다. 하지만 친절함과 상냥함은 다르다. 상냥함은 유쾌하고 예의 바르고 갈등을 피하는 표면적 수준의 행위를 뜻한다. 친절함은 훨씬 더 깊이 들어가 타인과 그들의 행복에 실제로 관심을 기울이는 것을 뜻한다.

복잡한 메시지는 형식적인 표현으로 가득하지만, 받는 이의 제한된 시간과 주의력에는 친절하지 않다. 그리고 나쁜 소식이라도 정중하고 솔직하게 전하는 것이 듣기 좋게 돌려 말하는 것보다 더 친절하다.

내 고향 뉴욕시의 에드 코흐$^{Ed\ Koch}$ 전 시장은 이 도시의 세계적 명성을 만든 직설적이고 핵심을 찌르는 태도를 구현한 사람이다. 그의 첫 임기 동안, 뉴욕시 행정부는 지금까지 본 적 없는 가장 직설적인 주차 금지 표지판을 설치했다. "여기에 주차할 생각조차 하지 마시오."[10] 표지판의 큰 인기 덕에 중국어, 이디시어 등 다른 언어들로 제작된 표지판이 도시 곳곳에 생겨났고 현재까지도 표지판의 복제품이 수집가들에게 팔리고 있다. 심지어 '주차 금지, 정차 금지, 멈춤 금지, 농담 금지' 같은 파생 상품까지 생겨났다. 그의 임기가 끝난 후 더 복잡하고 난해한 새 표지판으로 교체되자 뉴욕 시민들은 분노했다. 일부는 **그림 2.1**에서 보듯 "시에서 주차 위반 딱지를 많이 발부하려고 일부러 새 표지판을 혼란스럽게 만들었다"라고 주장했다.[11]

저 단순한 표지판은 별로 상냥해 보이지 않을 수도 있지만, 확실히 친절하다.

단순함은 능률적이다

광고업은 제약이 많은 산업이다. 방송으로 내보낼 광고는 정확히 30초여야 한다. 〈타임^{Time}〉지의 전면 광고는 정확히 폭 7.875인

그림 2.1 하나만 선택할 수 있다면, 친절함이 상냥함보다 낫다.

치(약 20cm), 높이 10.5인치(약 26.7cm)로 제작되어야 한다.[12] 수십 년 동안 채용 공고를 내거나 애인을 찾는 사람이 지역신문에 자신의 메시지를 실으려면 단어 수 혹은 '칼럼 인치 column inch(신문 지면의 세로 길이를 측정하는 단위-옮긴이)'에 따라 비용을 내야 했다.

대기업 메타와 구글, 아마존이 전체 광고 산업의 절반을 집어 삼킨 오늘날에도 제약은 어디에나 있다.[13] 구글의 검색 광고는 제목이 최대 30바이트(영문 30자, 한글 약 15자), 설명이 최대

90바이트(영문 90자, 한글 약 45자)로 제한된다. 이렇게 짧으니 방금 길이를 설명한 문장조차도 광고 제목으로 사용하기에는 너무 길다. 화소와 키보드 입력은 무료지만, 사람들의 시선과 관심을 얻는 것은 비싸다.

단순함은 본래 능률적이다. 단순하게 만들려면 초과하는 부분을 걷어 내고 효과적인 것만 남겨야 한다. 그렇게 하면 쓸데없는 것에 드는 비용을 절감해 결과적으로 비용 대비 최대의 효과를 얻을 수 있다.

한 세기 전, 필라델피아의 소매업자이자 초기 마케팅 선구자였던 존 워너메이커 John Wanamaker 는 이렇게 불평했다. "내가 광고에 쓰는 돈의 절반은 낭비되고 있다. 문제는 그 절반이 어느 쪽인지 모른다는 것이다."[14] 내 생각에, 그 절반은 애초에 광고에 쓸 필요가 없었던 돈일 것이다. 자기 이익만 추구하는 복잡한 광고, 고객과 고객의 요구에 정확히 초점을 맞추지 않은 광고에 쓰는 돈은 변기에 흘려보내는 것이나 마찬가지다.

단순함은 효과적이다

마지막으로, 단순함이 효과적이지 않다면 이 모든 것은 아무 소용이 없다. 다행히 단순함은 효과적이다.

브랜드 전략 및 디자인 회사인 시겔+게일 Siegel+Gale은 지난 10년간 전 세계 소비자 수천 명을 대상으로 설문 조사를 실시하고 모든 주요 산업 분야에서 수백 개의 브랜드를 평가하며 마케팅의 단순성 현황을 추적했다.15 매년 같은 결과가 더욱 뚜렷하게 나타난다. 가장 단순한 브랜드가 경쟁사들을 능가할 뿐만 아니라, 사람들이 브랜드에 기꺼이 많은 돈을 쓰고 그 브랜드를 추천할 가능성도 더 컸다.

- 소비자의 76퍼센트는 단순한 브랜드를 추천할 가능성이 크다.
- 소비자의 57퍼센트는 단순한 브랜드에 더 많은 돈을 쓴다.
- 기업들은 단순화에 실패하여 4,020억 달러의 수익을 낼 기회를 놓쳤다.

역사상 가장 기억에 남는 광고와 슬로건은 명확하고 직설적이며 받는 이에게 초점을 맞춘다.

- 나이키는 "Just Do It(그냥 해)" 캠페인을 벌여 첫 10년 동안 사업을 10배 이상 늘렸다.
- 페덱스 FedEx는 자사의 광고 문구를 "반드시 다음 날 도착해야

한다면 When it absolutely, positively has to be there overnight"으로 재구성한 뒤 곧바로 10억 달러의 수익을 달성하고 세계 최대의 화물 항공사가 됐다.

• 버거킹은 "내 방식대로 즐긴다 Have it your way"라는 문구로 자사의 유연성을 경쟁사의 경직성과 대조했다. 이 메시지는 매우 강력해서 여러 캠페인에 반복해서 사용됐다.

단순한 메시지는 사회를 바꿀 수 있다. 1998년에는 미국 고등학생의 20퍼센트 이상이 매일 담배를 피웠다. 담배를 피우면 누구나 건강에 많은 문제가 생기지만, 어린이와 청소년은 심각한 중독, 폐 발달장애, 위험한 호흡기 질환에 특히 취약하다.[16] 담배 회사들이 우려를 덮기 위해 막대한 투자를 하면서 흡연이라는 심각한 전염병의 상황은 더욱 나빠졌다.

이에 대응하여 플로리다 공중 보건 당국은 담배 광고와 허위 정보에 맞서 싸우기 위해 교육 캠페인을 시작했다. 캠페인의 이름과 목표는 '트루스 truth (진실)'라는 직설적 단어였다. 이후 이 캠페인은 '트루스 이니셔티브'로 통합되어 전국으로 확대됐다. 트루스의 가장 유명한 공익광고 시리즈는 담배 회사 건물 밖에서 벌인 충격적인 퍼포먼스였다. 한 번은 트럭들이 서서 1,200개의

'시체 주머니'를 길가에 쏟아 버렸고, 다른 한 번은 1,200명의 자원봉사자가 길거리에서 갑자기 쓰러졌다. 건물 위층에 있는 경영진과 집에 있는 시청자들을 향한 이 두드러진 메시지의 분명한 외침은 바로 "담배가 하루에 1,200명을 죽인다. 하루 쉴 생각은 없는가?"였다.

거대 담배 회사 필립 모리스 또한 비슷한 시기에 금연 공익광고를 만들어 방송해야 했다. 그 광고는 효과가 크지 않았다. "생각해 보세요. 담배는 피우지 마세요"라는 슬로건 아래 진행된 캠페인에는 혼란스러운 이야기와 서툰 연기, 성의 없는 실행이 포함됐다.

이 캠페인들을 대상으로 이후 몇 년간 실시된 연구에서 두 가지 사실이 증명됐다. 첫째, 트루스의 캠페인은 효과를 내어 금연하려는 청소년의 수가 꾸준히 늘었다. 둘째, 필립 모리스의 캠페인은 효과가 없었을 뿐 아니라 엉터리 광고에 노출된 청소년이 흡연에 관심을 가질 가능성이 더 커지고 마는 역효과까지 낳았다. 다행히 '트루스'의 캠페인이 성공적이어서 현재 청소년의 흡연율은 4.6퍼센트로 내려갔다.[17] 그 후 전자 담배라는 새로운 도전에 직면한 '트루스'는 이 문제를 해결하기 위해 캠페인을 재개했다.

단순함은 그냥 겉치레가 아니라, 의사소통 방식에 대한 완전히 새로운 관점이다. 한 걸음 물러나서 의도적으로 설계하고 소통한다면 우리는 산을 옮길 만큼 큰 변화를 이룰 수 있다.

하지만 그것은 그리 쉬운 일이 아니다. 우리는 먼저 낯익은 적과 마주해야 한다.

3장
복잡함의 폐해

어수선함과 혼란은 정보의 속성이 아니라
설계의 실패다.
— 에드워드 터프티

1944년 겨울, 세상은 전쟁의 불길에 휩싸였다.

연합군이 수천 킬로미터 떨어진 전장에서 총격전을 벌이는 동안, 미국의 전쟁 기구는 전쟁의 우위를 점할 모든 방법을 찾느라 밤낮없이 노력했다. 당시에는 전략사무국 the Office of Strategic Services 이었다가 나중에 중앙정보국 CIA이 된 부서의 한 팀은 〈단순 태업 현장 지침 Simple Sabotage Field Manual〉이라고 불리는, 적군 영토에 침투한 첩보원들을 위한 매우 독특한 안내서를 만들었다.

이 극비 출판물의 목적은 '단순 태업을 정의하고, 그 효과를 간략히 설명하고, 이를 선동하고 실행할 방안을 제시하는 것'이었다. 안내서에는 공장을 돌아가지 못하게 하고 교통망을 교란하고 전력 공급을 방해하는 방법이 세세히 적혀 있었다. 첩보원이나 신뢰할 수 있는 동맹군은 '교차로와 분기점에 있는 표지판을 바꾸고', '휘발유 엔진의 연료 탱크에 톱밥 또는 쌀이나 밀 같은 단단한 곡물을 약간씩 집어넣으라는' 지시를 받았다.[1]

하지만 바로 거기, 적군의 경제를 망치는 교묘한 방법 목록 중에 조직을 망치기 위한 일련의 지시 사항들이 있었다.

'연설'하라. 가능한 한 자주, 아주 오랫동안 말하라. 긴 일화와 개인적 경험을 예로 들어가며 '논점'을 설명하라. 주저하지 말고 적절한 '애국적' 발언을 몇 마디 하라… 가능한 한 자주 관련 없는 문제들을 끄집어내라… 신입 직원을 교육할 때는 불완전하거나 오해의 소지가 있는 지시를 하라… 질문을 받으면 길고 이해하기 어렵게 설명하라.

적의 생산성과 효율성을 떨어뜨리고 사기를 꺾어 우위를 점하기 위해, 첩보원들은 문제를 복잡하게 만드는 법을 배웠다. 이 중 우리 삶에서 익숙하게 느껴지는 점이 있는가?

직장이나 학교, 지역사회에서 팀에 속해 본 적이 있다면, 의도적이든 아니든 이러한 음모적 특성을 모두 지닌 누군가를 알고 있을 가능성이 높다(그로 인해 고통받은 적도 있을 것이다). 어쩌면 자신이 그 장본인이었을 수도 있다.

의사소통에 서툴러 메시지를 복잡하게 뒤섞어 놓으면, 첩보원들이 적을 방해하도록 훈련받는 방식과 똑같이 우리 자신을 방해하는 셈이다. 이렇게 하면 의사소통은 실패한다.

✦ '복잡한' 대 '복합적인'

본론으로 들어가기 전에, 겉보기에는 같은 정의를 가진 듯 보이는 두 단어, '복잡한complicated'과 '복합적인complex'의 근본적 차이를 먼저 살펴보자. 둘 중 하나는 해롭지 않은 상태를 뜻하고 다른 하나는 방해 행위를 뜻한다(그림 3.1 참조).

국제 외교는 복합적이다. 숙소 주인에게 받은 잘못된 체크인 안내는 복잡하다.

컴퓨터 칩은 복합적이다. 프린터를 실제로 작동시키는 일은 복잡하다.

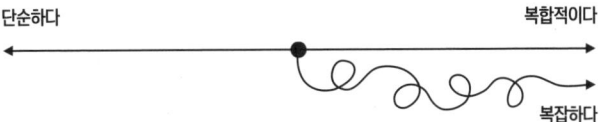

그림 3.1 복잡하다는 것은 불필요한 복합성을 의미한다.

기업 합병은 복합적이다. 회사의 새로운 유급휴가 제도에 대한 장황한 메모는 복잡하다.

이 세상에 존재하는 수많은 체계와 사물과 행동은 복합적이다. 복합성 complexity이란 어떤 것이 많은 구성 요소를 가졌으며, 흔히 그것들이 정교하고 세밀하게 연결된 상태를 의미한다. 인간의 눈은 복합적이다. 이론물리학은 복합적이다. 기계 학습은 복합적이다. 자연적이든 인공적이든, 우주에서 가장 경이로운 것들은 대부분 본질적으로 복합적이다.

당신의 메시지는 그중 하나가 아니다.

복잡하다는 것은 무언가가 복합적이지만 단순해질 수 있는 경우를 의미한다. 이 경우 우리는 'complicate(복잡하게 만들다)'라는 동사를 사용한다. 복잡하다는 무언가가 지나치게 길고 번거롭고 혼란스러운 경우를 뜻한다. 복잡한 것은 미완성이라서 마찰을 일으킨다. 복잡한 것은 효과를 내기는 하지만, 그러려면 노력이 필요하다. 당신은 사람들이 당신의 메시지를 이해하는 데 노력이 들기를 원치 않을 것이다.

우리는 흔히 복합성을 견딘다. 많은 복합적 목표는 그만한 가치가 있기 때문이다. 피아노 연주는 복합적이지만, 어떤 사람들은 몇 년 동안 꾸준히 연습한다. 그것이 그들에게 의미 있고 가치 있는 일이기 때문이다.

사람들은 위대한 문학작품을 경험하고 싶어서 매일 《전쟁과 평화》를 읽는다. 그러나 새로운 샴푸 광고나 연례 주주 보고서는 이러한 기준을 충족하지 못한다. 그것들은 복잡해서는 안 된다.

✦ 우리는 기본적으로 더 많은 것을 선호한다. 그것이 가장 쉬운 길이기 때문이다.

문제는 우리가 복잡하게 만드는 성향을 타고났다는 점이다. 그리고 그것은 연결을 추구할 때 가장 큰 약점이 된다.

우리는 복합성 편향의 영향을 받는다. 이 편향 때문에 생각을 점점 더 복잡한 방향으로 밀어붙이는 경향이 있다. 우리는 복합성을 매우 매력적이라고 느낀다. 모순적으로 들릴지 모르지만,

복합적인 업무를 처리하는 것이 단순한 업무를 처리하는 것보다 더 쉽기 때문이다.

복합성 덕분에 우리는 작은 것들에 집중할 수 있고, 하나의 큰 진실을 다루는 대신 세부 사항의 미묘한 차이에 주의를 분산할 수 있다. 과제가 여러 작은 부분으로 이뤄져 있다면 주의를 기울일 지점이 많아진다. 반면에 처리해야 할 것이 큰 문제 하나뿐이라면 그것을 알아차릴 수밖에 없다.

우리는 원대한 생각을 비판적으로 재평가하기보다 문서의 형식에 집착한다. 하루에 8시간 동안 의자에 앉아 있기로 한 선택을 고민하기보다는 허리 통증을 완화할 최적의 의자를 찾기 위해 상품평을 뒤지는 데 집중한다. 우리는 본질적인 문제를 다루는 대신 주변부만 건드린다. 인기 웹사이트 '파넘 스트리트Farnam Street'의 한 기사에 따르면 "투쟁-도피 반응 중, 복합성 편향은 도피 반응에 해당한다. 이는 문제나 개념을 외면하면서 너무 복잡하다고 단정 짓는 태도를 뜻한다. 어떤 것이 실제보다 어렵다고 생각하면 우리는 이해하려는 책임을 스스로 포기한다."[2]

뇌는 여러 가지 방식으로 직관적이지 않은 길, 저항이 가장 적은 길로 이끈다. 1989년 캘리포니아 대학교의 힐러리 패리스Hilary Farris와 러셀 레블린Russell Revlin은 한 실험을 진행했다. 실험 참여

그림 3.2 이 수열에서 어떤 패턴이 보이는가?

자들은 **그림 3.2**와 같이 배열된 숫자들 사이의 기본 패턴을 찾으라는 요청을 받았다.³ 실제 관계는 단순했지만(단지 오름차순으로 나열됐다), 대다수 참여자는 그 점을 간과하고 대신 그 관계를 설명하기 위해 복잡한 수식을 만들었다. 우리는 바로 앞에 놓인 단순한 경로를 무시하는 성향을 타고났다.

라이디 클로츠Leidy Klotz는 자신의 책 《빼기의 기술 Subtract》에서 그와 동료들이 이와 같은 덧셈 편향에 대해 추가로 수행한 연구 내용을 간략히 설명한다.⁴ 한 실험에서 학생들에게 레고 구조물을 보여 주고 그 구조물을 수정해 균형을 맞춰 보라고 요청했다. 각각의 블록을 추가하는 데는 10센트의 비용이 들고, 그들의 목표는 비용을 최소한으로 줄여서 과제를 달성하는 것이었다. 가장 합리적인 해결책은 블록 하나를 제거하는 것이었지만, 그런 선택을 한 사람은 참여자의 절반도 안 됐다. 대신 그들은 구조물을 지탱하려고 블록을 추가하는 쪽을 선호했다.

연구팀이 참여자들에게 화면의 유색 타일 패턴을 바꾸거나, 휴가 일정을 변경하거나, 미니 골프장을 개조하거나, 수프 요리법을 고치거나, 뮤지컬 곡을 작곡하거나, 글을 손보도록 요청했을 때도 똑같이 추가하는 경향이 나타났다. 모든 실험에서 연구팀은 뇌가 단순화 가능성을 아예 무시한 채 우선 추가하는 쪽으로 이끈다는 사실을 발견했다.

의식적으로 생각해 보면, 우리의 동기가 복합성과 추가를 지향한다는 사실도 알 수 있다. 직원 안내서에 페이지를 하나 더 추가하거나, 홈페이지에 단락을 하나 더 추가하거나, 메모를 하나 더 작성하는 것은 작업하고 노력했다는 증거를 남긴다. 무언가를 빼는 것은 단순하게 만들거나 생략해서 작업과 노력의 흔적을 훨씬 적게 남긴다. 부재는 증거가 되지 못한다.

더 많이 가지려는 우리의 생물학적, 사회학적 성향은 인류가 오랜 시간 동안 엄청난 희소성과 불확실성의 세계에서 살아왔다는 사실로 설명된다. 우리는 매머드가 언제 다시 나타날지 몰랐고, 다음 수확이 풍년일지 아닐지도 알 수 없었다. 강 건너 부족이 우리 마을을 침략할지 안 할지도 몰랐다. 알 수 없는 상황에 대비해 자신을 보호하려면 물건을 아끼고 비축해야 했다. 더 많이 가지려는 성향은 최선의 이익이었다. 그것은 우리가 이 불균

형하고 위험한 세계에서 살아남는 데 도움을 주었다.

지금도 미래는 여전히 불확실하지만, 지난 한 세기 동안 우리는 미래를 훨씬 더 이해하기 쉽게, 예측할 수 있게, 풍요롭게 만들었다.

1장에서 알아보았듯, 오늘날 가장 희소한 자원은 우리의 시간과 주의다. 이를 놓고 경쟁하는 수많은 요소에 대처하는 것은 21세기 시민으로서 직면한 핵심적 도전 과제다. 우리는 역사상 그 어느 때와도 다른 순간에 산다. 그리고 이는 우리가 복잡함의 희생자가 되어서는 안 되는 이유다.

✦ 복잡한 메시지의 3가지 죄

우리는 복잡한 메시지를 피고로 삼아 3가지 혐의를 제기할 수 있다. 첫째, 복잡한 메시지는 보내는 이를 우선시하고 잘못을 감추는 방편으로 이용된다는 점에서 이기적이다. 둘째, 복잡한 메시지는 보내는 이가 자신을 숨길 수 있게 하므로 비겁하다. 마지막으로, 복잡한 메시지는 우리의 성과와 삶에 위험을 초래한다. 각각의 죄를 순서대로 살펴보자.

이기적이다

쉽고 편리한 복잡함이라는 목발에 다시 의지할 때 우리는 이기적인 존재가 된다. 자신의 편안함과 안락함을 받는 이의 것보다 우선시한다. 복잡한 메시지는 상대방에 대한 공감이 부족하며, 받는 이가 우리의 의도를 해독하는 데 시간과 노력을 기울일 수 있고 기울이기를 원한다고 가정한다.

기껏해야 이런 복잡함은 기회를 놓치게 할 뿐이다. 당신은 효과 없는 광고에 몇 달러를 낭비했을 수도 있다. 하지만 더 심각한 경우, 이런 이기심은 모든 이의 상황을 더 나빠지게 만든다.

복잡한 의사소통이 날마다, 어쩌면 이 책을 읽는 순간에도 우리에게 얼마나 불리하게 사용되는지 알아보자. 하루 동안 우리는 수십 개의 온라인 서비스를 이용한다. 우버를 이용해 이동하는 동안 틱톡과 인스타그램을 살펴보는 것부터 출근하자마자 슬랙, 드롭박스, 줌 등 업무에 필요한 앱에 들어가는 것까지. 각 플랫폼을 이용하려면 서비스 약관에 동의해야 한다. 약관은 보통 처음 계정을 설정할 때 동의 체크박스 뒤에 아주 작은 글씨로 숨겨져 있다. 우리는 모두 약관을 그냥 넘겨 버리지만, 이 문서에는 중요한 정보가 많이 담겨 있고 달갑지 않을 내용도 다수 포함되어 있다. 이용자 약관에 나오는 여러 미심쩍은 조항 중 몇 가지만 여기에 소개하겠다.

- 페이스북은 타인에게 노출되는 광고에 당신의 정보를 활용할 수 있다.
- 유튜브는 당신의 브라우저 기록에 접근할 수 있는 권한을 갖고 있다.
- 핀터레스트는 당신의 개인 메시지를 열람할 수 있다.[5]

이 중 하나를 열어서 훑어본 적이 있다면 약관이 엄청나게 길다는 사실을 깨달았을 것이다.[6] 주요 플랫폼을 대상으로 한 조사에서, 인스타그램 약관이 2,451개 단어로 구성되어 가장 짧았다. 틴더는 6,215개 단어, 스포티파이는 8,600개 단어를 기록했다. 마이크로소프트 약관이 1만 5,260개라는 압도적인 단어 수로 1위를 차지했다. 마이크로소프트의 약관만 다 읽는 데도 1시간이 넘게 걸릴 테니, 워드 프로그램을 실행하려면 한참 기다려야 할 것이다. 디지털 세상에서 살아가며 동의하는 모든 약관을 읽고 싶다면, 약 250시간은 따로 빼 두어야 한다. 형광펜도 넉넉히 챙기는 게 좋겠다.

이 모든 교묘한 내용을 숨기는 데는 길이뿐 아니라 글의 밀도도 한몫한다. 읽기 난이도를 분석했을 때 약관들은 대부분 대학 수준의 난이도로 평가됐다. 반면, 미국의 평균 문해력은 초등학교 6학년 수준에 가깝다. 강제로 동의해야 하는 이 문서들은 숨겨져 있는 데다 길고 읽기 어렵기 때문에 우리는 결국 자신의 권리와 사생활을 포기한다. 이런 복잡함의 목적은 순전히 이기적으로, 약관을 만든 회사에 보호와 이익을 제공하는 것이다.

영국 작가 조지 오웰 George Orwell은 이렇게 썼다. "라틴어로 된 단어들은 부드러운 눈처럼 사실을 덮고 윤곽을 흐리고 모든 세부 사항을 가린다. 명확한 언어의 가장 큰 적은 불성실이다."[7] 길고 혼란스럽고 불필요한 내용으로 가득 찬 메시지는 이기적이다. 그런 메시지는 보내는 이를 우선시하고 받는 이의 소중한 시간과 주의를 낭비하기 때문이다.

비겁하다

우리는 두려울 때 복잡해진다. 자기 능력을 확신하지 못하고 단어의 벽 뒤에 숨고 싶을 때 복잡해진다. 속으로 자신을 사기꾼이라고 여기며 혹시라도 그 마음을 들킬까 봐 걱정할 때 복잡해진다.

까다로운 고객과 회의할 때, 자신이 일을 망쳤다거나 잘 모른다고 인정하는 것보다 시간이 다 될 때까지 긴 발언으로 시간을 끄는 편이 더 쉽다. 곤경에서 벗어나기 위해 거창한 말, 관련 없는 통계나 참고 문헌, 오해의 소지가 있는 표현을 던지고 싶은 유혹을 느낄 수도 있다. 개인적으로 이런 상황을 잘 알고 있다. 나쁜 소식을 공유하거나 피하고 싶은 질문을 마주해야 하는 고객사 회의에 참석한 경험이 많기 때문이다. 충분히 많은 말을 쏟아 내기만 하면 상대방은 실제로 답을 얻지 못했는데도 얻은 것처럼 느낄 것이다.

복잡한 메시지는 모호함을 키워 받는 이가 듣고 싶은 대로 듣게 한다. 정치 후보자들은 모호한 발언을 하는 것으로 악명이 높다. 선거철이면 미국 전역의 집 앞 표지판에 자유와 가족, 공동체와 존중에 대한 포괄적이고 상투적인 문구가 쓰인 것을 보았을 것이다. 이런 모호함은 후보자들이 분열을 일으키는 문제에 강경한 태도를 보이는 것을 피하도록 도와준다. 누가 그들을 탓할 수 있겠는가? 전략적 모호함은 (이 경우, 받는 이인) 유권자들에게 메시지 속에서 자신이 지닌 신념과 통하는 무언가를 발견할 기회를 준다. 하지만 그런 유형의 언어는 메시지가 아니라 거울일 뿐이다. 그런 언어는 소통하거나 정보를 제공하거나 설득하지 못한다.

우리가 궁지에 몰렸을 때 쏟아 내는, 전문용어로 가득한 독백과 보고서도 불안감의 표출이다. 자기 능력을 확신하지 못하는 경우, 혹은 자신이 그다지 똑똑하거나 유능하지 못해서 걱정하는 경우, 우리는 단점을 보완하기 위해 복잡한 언어를 사용한다. 적절한 전문용어와 약어를 사용하면 자신이 주제를 잘 안다고 믿게끔 청중을 속일 수 있다고 생각한다.

우리는 '하위' 집단이 '상위' 집단보다 전문용어를 더 많이 사용하여 불충분하다는 인식을 보완하려는 경향이 있음을 자주 목격한다. 2020년에 실시된 학술 논문에 관한 연구에서, 연구자들은 유명한 '미국 뉴스 앤 월드 리포트 대학교 순위' 중 하위에 속한 대학교 출신 저자들이 권위 있는 대학교 출신 저자들에 비해 불필요하게 복잡한 언어와 약어를 더 많이 사용한다는 사실을 발견했다.[8] 학부생들이 석사과정생과 교류할 때나, 영향력이 작은 로펌과 영향력이 큰 로펌의 변호사들이 서로 상대할 때도 유사한 패턴을 발견했다. 작은 규모의 공항이 큰 규모의 공항보다 '국제공항'으로 자칭할 가능성이 더 크다. 기대에 미치지 못할까 봐 두려울 때 우리는 더 많이 치장하고 무대에 오른다.

이처럼 쓸데없이 복잡한 언어는 지식과 진실에 관한 탐구를 방해하고 전문가와 리더를 신뢰할 수 없게 한다. 이는 '대안적 사실 alternative facts(허위 정보나 왜곡된 데이터를 또 다른 사실처럼 포장한 것-옮긴이)'의 시대에 사는 우리가 치러야 하는 대가다. 과학 문헌은 이미 치밀하고 해독하기 어려운 글로 악명이 높다. 신뢰할 수 있는 과학자와 훌륭한 소통자의 벤다이어그램에서 교집합은 거의 보이지 않을 정도로 작다.

이 책을 쓰기 위해 자료를 조사하는 동안 수백 건의 연구 기록과 논문을 읽었다. 그래서 그중 일부가 얼마나 치밀하고 읽기 어려운지 직접 경험해서 잘 알고 있다. 가끔은 저자들이 아이디어를 비밀에 부치고 싶은 것처럼 느껴진다. 그렇다면 확실히 목표를 달성했다. 전체 논문의 50퍼센트는 저자와 편집자 외에 아무에게도 읽히지 않기 때문이다.[9]

1996년 물리학 교수 앨런 소칼 Alan Sokal은 한 문화 학술지에 논문을 제출해 사람들이 실제로 연구 논문들을 얼마나 꼼꼼히 읽는지 실험해 보았다. 하지만 그의 논문은 연구가 잘되어 있지도 않고 지적으로 뛰어나지도 않았다. 전문용어로 가득 찬 난해한 글일 뿐이었다. 제목은 〈경계를 넘어서: 양자 중력의 변형적 해석학에 대하여 Transgressing the Boundaries: Toward a Transformative Hermeneutics of Quantum Gravity〉였다. 놀랍게도 이 논문은 학술지에 게재됐다. 이후 몇 년 동안 수십 편의 다른 가짜 논문이 출판 과정을 통과했는데,

그중에는 2020년에 작성된, 코로나19 팬데믹을 박쥐 포켓몬 캐릭터인 주뱃의 소비와 연관 지은 논문도 있었다.[10]

이런 논문의 저자들은 주로 약탈적 사이비 학술지를 비판하는 것을 목표로 삼았지만, 그 과정에서 언어가 진정한 의미를 감추는 데 사용될 수 있다는 사실도 증명했다. 우리는 끝없이 콘텐츠를 만드는 생성형 인공지능의 미래와 씨름하기 시작했다. 따라서 언어에서 의미를 해독하는 일은 점점 더 어려워질 것이다.

이 짓궂은 저자들이 학술지 출판업자를 속이기 위해 논문에 잔뜩 집어넣은 '학술적 어휘'는 유일한 은어가 아니다. 여러 산업에서도 진정한 의미를 감추기 위해 다양한 은어가 사용되고 있다. 연방준비제도 Federal Reserve는 의도를 흐리기 위해 모호한 '연준식 언어 Fedspeak'를 사용한다. 변호사들은 '난해한 법률 용어 legalese'를 사용해 비싼 수임료를 청구하고, 관료들은 이해하기 어려운 '관공서 용어 officialese'로 업무를 처리한다. 고층 건물들은 '기업 용어 corporatese'로 소통하는 정장 차림의 사람들로 가득하다. '심리학 용어를 섞어 지껄이는 말투 Psychobabble'와 '최신 과학기술 용어를 섞어 지껄이는 말투 technobabble'는 아기 옹알이처럼 이해하기 어려운 경우가 많다. 가끔은 단어 자체가 중요하지 않을 때도 있다. 그럴듯하게 들리는 말로 빈칸을 채우기만 하면 된다. 이를 위해

공상과학 시나리오 작가들은 대본 초안에 '테크 더 테크 tech the tech' 라는 구절을 써 두고, 나중에 과학 자문가들이 그 빈칸을 그럴듯한 음절의 조합으로 채워 넣도록 했다.[11]

복잡함의 비결은 바로 '그럴듯함'이다. 복잡함은 그럴듯한 방법으로 우리 자신과 청중에 대한 책임에서 벗어나게 한다.

위험하다

2003년 1월 16일의 상쾌한 아침, 380만 파운드(약 72억 원)에 달하는 로켓 연료의 도화선에 불이 붙었다. 이 거대한 엔진에 연결된 우주왕복선 컬럼비아호는 천천히 떠오른 뒤 빠르게 하늘로 치솟았다.

굉음이 울린 지 81초 후, 폭이 약 60센티미터에 달하는 단열재 덩어리가 왼쪽 보조 추진 장치 측면에서 떨어져 내려오다 우주왕복선의 날개와 충돌했다. 당시에는 아무도 그 사실을 알아차리지 못했지만, 시속 약 800킬로미터로 움직이던 이 파편은 우주왕복선이 지구 대기권으로 재진입할 때 강렬한 열기를 견디게 하는 보호 타일에 손상을 입혔다.

컬럼비아호가 궤도에 진입한 후, 나사NASA(미국 항공 우주국)는 늘 하던 대로 발사 검토를 진행했다. 분석가들은 떨어지는 파편을 발견하고 그 사실을 상부에 보고했다. 곧 컬럼비아호와 무엇보다도 승무원 일곱 명의 안전을 확인하기 위해 임시 파편 평가팀이 꾸려졌다.

승무원들이 2주간의 임무를 열심히 수행하는 동안, 지상의 분석가들은 재빨리 데이터를 평가했다. 로켓 측면에 무언가가 부딪힌 것은 분명히 문제될 수 있지만, 이런 난관은 우주왕복선 프로그램에서 흔히 발생하는 일이었다. 사실 1981년의 최초 우주왕복선 비행에서도 컬럼비아호와 마찬가지로 비슷한 단열재 파편이 열기 보호 타일과 충돌했었다. 이후 79번의 임무 중 영상 자료가 남아 있는 임무를 분석한 결과, 단열재 파편이 우주선과 충돌하는 장면이 65번이나 관찰됐다. 따라서 이 사건은 결코 드문 일이 아니었지만, 나사는 여전히 이를 조사하고자 했다. 평소 절차대로.

나사 협력 업체 중 하나인 보잉의 기술자들은 총 28장의 파워포인트 슬라이드로 구성된 여러 보고서를 준비했다.[12] 하지만 이 사건을 다른 사건들과 구분 짓는 핵심 내용은 두 번째 보고서 6쪽 14번째 줄에 깊숙이 숨겨져 있었고, 결국 간과됐다. 그 내용은 다음과 같았다. "비행 조건이 시험 데이터베이스의 범위를 심각하게 벗어남. 시험용 램프ramp의 부피는 3세제곱인치인 반면,

실제 램프의 부피는 1,920세제곱인치임."(**그림 3.3** 참조)

이 말은 대체 무슨 뜻일까? 이 기술 용어로 가득 찬 딱딱한 보고서는 다음과 같은 내용을 담고 있었다. 이전에 3세제곱인치 크기의 파편 충돌을 시험한 적은 있지만, 실제로 컬럼비아호 날개와 충돌한 단열재 파편은 그보다 640배 더 큰 크기였다.

타일 관통 안전성을 나타내는 시험 데이터 검토

기존 단열재 파편이 타일에 입히는 손상을 시험하기 위해 사용된 데이터는 STS-87 남서부 연구소 데이터와 함께 검토했음

- ◆ 타일 관통으로 인한 표면 손상이 심각하게 과대 예측됨
  - ◆ 정상 속도로 설명되는 초기 관통
    - 발사체의 부피/질량에 따라 속도가 달라짐 (예: 3세제곱인치의 경우 초속 약 60미터)
  - ◆ 비교적 부드러운 단열재 파편이 상대적으로 단단한 타일 겉면을 관통하려면 상당한 에너지가 필요함
    - 시험 결과, 질량과 속도가 충분할 경우 관통이 가능함
  - ◆ 반대로, 타일을 관통한 단열재 파편은 심각한 손상을 초래할 수 있음
    - 관통 수준을 초과하는 총에너지의 작은 변화만으로도 타일에 심각한 손상을 초래할 수 있음
- ◆ 비행 조건이 시험 데이터베이스의 범위를 심각하게 벗어남
  - ◆ 시험용 램프의 부피는 3세제곱인치인 반면, 실제 램프의 부피는 1,920세제곱인치임

그림 3.3 파편 평가팀의 핵심 슬라이드. 여기에서 중요한 메시지는 무엇일까?

부피 차이가 6만 4,000퍼센트에 달해도 문제되지 않는 경우는 거의 없다. 특히 우주에서는 더욱 그렇다. 이 경고는 널리 알려졌어야 했지만, 그 대신 혼란스러운 언어로 뒤덮인 무미건조한 보고서 속에 깊숙이 묻혀 있었다. 같은 슬라이드에서 '심각한' 또는 '상당한'이라는 단어가 5번 사용됐고 각각 다른 함축적 의미를 지니고 있었다. 슬라이드의 제목은 이해하기 어려울 뿐 아니라 내용과도 모순됐다. 게다가 작성자는 가장 중요한 요점에 도달하기 전에 글머리 표를 네 단계로 나누고, 같은 크기에 형태만 다른 글머리 표를 3개씩 사용했다.

보고서에는 이 데이터가 왜 중요한지 설명되지 않았으며, 해당 정보는 눈에 띄지 않아 간과되기 쉬웠다. 게다가 보고서는 명확하고 이해하기 쉬운 언어로 작성되지 않았다. 결국, 메시지는 전달되지 못했다.

그 메시지는 경각심을 일깨우거나 적어도 문제를 제기했어야 했다. 슬라이드에는 "타일 관통 안전성을 나타내는 시험 데이터 검토"라는 애매하고 난해한 제목이 아니라 "시험 데이터보다 수백 배 더 큰 파편과 충돌, 위험 파악 불가"라는 제목을 사용했어야 했다.

안타깝게도 그런 일은 일어나지 않았다. 훨씬 작은 시험에서 나온 관련 없는 데이터가 다른 결론들을 정당화하는 데 사용됐고, 임무 지휘부는 계획대로 비행을 계속하기로 했다.

의사 결정자들이 이 경고를 들었다면 알았겠지만, 컬럼비아호의 날개와 충돌한 커다란 단열재 파편은 우주왕복선의 열 보호막에 약 40센티미터 크기의 손상을 입혔다. 이는 지구 대기권 재진입 시 발생하는 섭씨 약 1,650도의 강한 열에서 우주왕복선을 보호하는 기능을 위태롭게 했다.

2월 1일 오후 1시 44분, 우주왕복선 컬럼비아호는 고도 약 122킬로미터 지점에서 빠르게 하강하며 지구로 귀환하기 시작했다. 몇 분 후, 센서가 왼쪽 날개에서 이상한 압력을 감지했다. 곧이어 왼쪽 바퀴의 센서가 온도 상승을 감지했다. 컬럼비아호가 캘리포니아 상공을 비행할 때, 관측자들은 우주왕복선에서 떨어져 나오는 파편을 볼 수 있었다. 이때 컬럼비아호는 압력과 열로 인해 밝게 빛나고 있었다. 마침내 오후 1시 59분, 통제 센터는 컬럼비아호와 연락이 끊겼고, 컬럼비아호는 텍사스의 푸른 상공에서 산산조각이 났다. 우주왕복선에 탑승한 비행사 일곱 명 전원이 비극적으로 목숨을 잃었다.

중요한 메시지를 분명하게 전달하지 못한 탓에 인명 피해가 발생했고, 미국 우주 비행은 거의 2년 동안 중단됐다. 이 참사로 우주왕복선 프로그램의 종말이 시작됐고, 우주왕복선은 2011년에 마지막 비행을 마쳤다. 의사소통 오류는 이 프로그램의 또 다른 참사인 1986년 챌린저호 폭발의 부분적 원인이기도 했다.

우리와 더 가까운 사례를 살펴보자. 상업적 항공 사고의 70퍼센트는 의사소통 오류에서 비롯된다. 의료 과실 5건 중 4건도 의사소통 오류의 결과로 나타났다.[13] 기업들은 잘못된 문서 작성 때문에 매년 4,000억 달러를 잃는다. 투자자 찰리 멍거Charlie Munger는 "복잡한 곳에는 필연적으로 사기와 실수가 있다"라고 말했다. 메시지를 제대로 전달하지 못하는 것은 결코 피해자 없는 범죄가 아니다.[14]

지난 세기의 또 다른 상징적 기업가인 제너럴 일렉트릭GE사의 회장 잭 웰치Jack Welch는 복잡하고 혼란스러운 사고와 의사소통을 혐오하는 것으로 유명했다. 최고경영자로 활동하던 시기에 한 인터뷰에서 그는 이렇게 한탄했다. "자신 없는 관리자들은 복잡함을 만듭니다. 겁에 질려 초조한 관리자들은 두껍고 복잡한 계획서와 어릴 때부터 알고 있던 모든 지식을 담은 복잡하고 난해한 슬라이드를 사용하죠."[15] 인터뷰가 끝나갈 때쯤 그는 앞서 언급된 연구와 똑같은 결론에 도달했다. "믿기 어렵겠지만, 사람들은 단순해지는 것을 매우 어려워하고, 단순해지는 것을 무척 두려워합니다. 단순해지면 남들이 자신을 멍청하다고 여길까 봐 걱정하죠. 물론 사실은 그와 정반대예요. 명확하고 의지가 강한 사람일수록 가장 단순한 법입니다."

복잡함 속에 움츠러드는 것은 경영진과 투자자에게 막대한 손실을 초래한다. 읽기 쉬운 기업 재무 공시와 읽기 어려운 기업 재무 공시를 비교해 보면, 어렵고 복잡한 재무 공시는 낮은 기업 평가와 연관된다. 다른 모든 조건이 동일하다면, 평균에서 표준편차 하나만큼 가독성이 떨어지는 경우 기업 가치는 2.5퍼센트 감소할 수 있다. 이는 경제 전반에 걸쳐 수십억 달러의 손실을 초래하는 심각한 문제다.[16]

모든 지표로 알 수 있듯이, 제대로 전달되지 않는 메시지는 우리에게 해를 끼친다.

✦ 단순해지기

제대로 실행될 경우, 단순한 메시지는 놀라움을 자아낸다. 그런 메시지는 피할 수도 없고 반박할 수도 없다. "그래, 그렇지"라고 말하게 한다. 숨을 공간을 주지 않는다. 신선하다. 무언가를 명확히 이해할 때 우리 뇌는 활기를 띤다.

심리학과 생물학, 역사와 문화, 경제학과 경영학을 살펴보면, 단순함이 타인과 연결하고 진정으로 소통하는 능력의 열쇠라는 것을 깨닫는다. 단절된 연결의 시대에 우리가 할 수 있는 가장 가치 있는 일은 단순함을 추구하는 것이다.

하지만 절대 쉽지 않다. 우리는 스스로 길을 가로막은 채 개인적으로 그리고 사회적으로 자신을 망치고 있다. 앞에서 보았듯, 복잡함을 추구하는 성향은 연결을 방해하고 그 과정에서 모두에게 해를 끼친다. 이것이 바로 우리 이야기 속의 악당이다.

이 책의 후반부는 그 악당을 물리치는 데 도움을 준다. 단순함의 5가지 원칙을 탐구하고, 이를 활용해 진정성 있고 효과적이고 가치 있는 의사소통을 추구할 수 있는 검증된 방법을 제시할 것이다. 먼저 당신이 실천할 수 있는 가장 영향력 있는 사고방식의 전환으로 시작해 보자.

2부

◆

단순해지는
방법

4장
유익함:
핵심은 드릴이 아니라 구멍이다

어, 내가 '아주 아주 조용히 해야 하는' 이유가 뭔데?
— 벅스 버니

삐. 삐. 삐.

이것은 NBC 라디오 아나운서가 '옛것과 새것을 영원히 구분 짓는 소리'라고 칭한 음으로[1] 비치볼만 한 크기의 금속 공이 우주를 가로지르며 내는 소리다. 그것은 소련의 인공위성 스푸트니크Sputnik의 소리이자 패배의 소리였다.

미국은 우주 경쟁 초기에 어려움을 겪었다. 1957년에 소련이 세계 최초의 인공위성을 발사하면서 패배의 연속이 시작됐고, 1961년에는 소련의 우주 비행사 유리 가가린이 인류 최초로 우주에 진출하면서 또다시 뒤처졌다.

소련을 따라잡기로 결심한 존 F. 케네디는 가가린이 지구로 귀환한 며칠 뒤 긴급 메모를 보냈다. 그는 우주 개발팀에 다음 같이 해결책을 요청했다. "우주에 실험실을 설치하거나, 달 주위를 비행하거나, 사람을 로켓에 태우고 달에 갔다가 돌아오는 방식으로 소련을 이길 가능성이 있습니까? 우리가 승리하도록 극적인 결과를 가져올 다른 우주 프로그램이 있습니까?"

미국 행정부는 심사숙고 끝에 가장 야심 찬 목표, 인간을 달에 착륙시키기를 선택했다. 하지만 필요한 로켓 과학기술을 해결하는 것 외에도 다른 문제가 있었다. 바로 정치적 의지의 부족이었다. 그해 봄에 실시된 갤럽 여론조사에 따르면, 미국인의 58퍼센트가 이 프로젝트에 필요한 막대한 예산을 부담하기를 원치 않는다고 답했다.[2]

케네디가 이 프로젝트를 의회에 처음 공개하고 미온적인 반응을 얻자 계획은 난관에 부딪혔다. 선거에서 근소한 차이로 승리하고, 피그만 침공(1961년 4월, 미국이 쿠바의 피델 카스트로 정권 전복을 시도하다 실패한 사건-옮긴이)이라는 굴욕적인 실패를 겪으며 궁지에 몰린 이 지도자는 미국 국민을 설득해 그의 아이디어를 인정받을 수 있을까?

다음 해, 케네디는 다시 한번 설득에 나섰다. 이번에는 라이스 대학교에서 지난번보다 더 많은 약 3만 5,000명의 청중을 앞에 두고 말 그대로 달 탐사 계획을 다시 제시했다.[3] 이제는 유명해진 이 연설에서, 케네디는 미국의 발견과 탐험 정신을 시적으로 강조하며 역사적인 순간을 언급하고, 무엇보다도 그 계획이 왜 중요한지 다음과 같이 설명했다.

우리가 이 새로운 바다로 항해를 시작하는 것은 새로운 지식과 권리를 얻을 수 있기 때문입니다. 이러한 지식과 권리는 반드시 인류의 진보를 위해 사용되어야 합니다. 핵 과학이나 다른 모든 기술과 마찬가지로, 우주과학은 그 자체로 양심을 가지지 않습니다. 우주과학이 선한 힘이 될지 악한 힘이 될지는 인간에게 달려 있습니다. 그리고 미국이 우위를 점해야만 이 새로운 바다가 평화의 바다가 될지 아니면 또다시 무시무시한 전쟁터가 될지 결정하는 데 영향을 미칠 수 있습니다… 하지만 왜 하필 달이냐고 묻는 사람도 있을 겁니다. 왜 이를 우리의 목표로 선택했는가? 왜 가장 높은 산에 오르려 하느냐고 물을 수도 있습니다. 그렇다면 35년 전에는 왜 대서양 횡단비행을 했겠습니까?… 우리는 달에 가는 것을 선택했습니다. 앞으로 10년 안에 달에 가서 다른 임무들을 수행하기로 했습니다. 그것은 쉬운 일이 아니라 어려운 일이기 때문입니다. 그 목표는 우리의 에너지와 기술을 최대한으로 결집하고 평가하는 데 이바지할 것이기 때문입니다. 그 도전은 다른 과업들과 마찬가지로 우리가 기꺼이 받아들여야 하는, 미루기를 원치 않는, 반드시 승리하고자 하는 과업이기 때문입니다.

이 연설에는 특별한 요소가 있다. 그것은 연설 기술로서도, 본질적인 설득 전략으로서도 강한 효과를 발휘한다. 연설의 다른 부분에서 케네디는 로켓엔진과 합금, 유도 시스템에 관해 이야기 했고 급여와 시설 비용 같은 구체적인 숫자도 언급했다. 하지만 우리가 기억하는 부분은 그런 세부 사항이 아니다. 미국인들의 마음을 움직인 것은 다른 무엇, 유익함, 즉 달 탐사의 이유였다.

달에 가는 것으로 우리가 얻는 이득은 무엇일까? 우선 '새로운 지식'을 얻고 '새로운 권리'를 확보하고 과학을 '선을 위한 힘'으로 만들 것이다. 이 프로젝트는 '우리의 에너지와 기술을 최대한으로 결집하고 평가하는 데 이바지할 것'이다. 하지만 무엇보다도, 달 착륙은 '승리'를 뜻한다. 세계가 우리와 그들 간의 국제적 체스 게임처럼 보이는 상황에서, 승리의 약속만큼 마음을 울리는 것은 없다.

메시지는 효과를 발휘했고 케네디는 목표를 달성했다. 그 후 몇 년 동안 미국은 아폴로 프로그램에 250억 달러 이상을 투자했다. 이는 현재 가치로 환산하면 1,600억 달러가 넘는 금액으로, 아폴로 프로그램은 지금껏 누구도 어디에서도 시도한 적 없는 가장 큰 비용이 든 프로젝트가 됐다. 1969년 7월 20일, 닐 암스트롱과 버즈 올드린이 인류 최초로 달 표면에 발을 딛고 미국 국기를 꽂아 우주 경쟁의 승리를 상징하면서 그 막대한 자금과 동기부여와 뛰어난 공학적 재능은 마침내 결실을 보았다.

✦ 유익함이 중요한 이유

달에서 다시 내려와 이야기를 계속해 보자.

초등학교에 들어가면서 우리는 오감을 통해 세상을 경험한다는 사실을 배운다. 우리가 보고 듣고 느끼고 냄새 맡고 맛보는 감각은 이 지구에서 삶의 방식을 형성한다. 하늘은 푸르고 천둥은 시끄럽다. 여름은 따뜻하고 꽃은 향기롭고 사탕은 달콤하다. 세상은 꽤 멋진 곳이다.

그래서 사람들에게 무언가를 이야기하고 싶을 때 자연스럽게 오감에 집중하여 사실을 묘사한다. 시각을 이용해 새로 산 텔레비전을 바라보며 선명한 색상에 감탄한다. 자동차의 열선 좌석을 극찬하거나 새로 개봉한 치약에서 나는 박하 향을 칭찬한다.

이런 세부 사항들은 물질적 사실을 설명한다. 세상을 있는 그대로 묘사한다. 하지만 사람들을 움직여야 하는 임무를 맡으면 이런 감각들에만 의존할 수 없다. 그것은 등식의 절반에 불과하다. 정말로 사람들을 움직이고 싶다면, 실제로 그들에게 동기를 부여하는 것이 무엇인지 더 깊이 탐구해야 한다. 그리고 알고 보면, 사람들을 움직이는 단순하면서도 효과적인 메시지를 개발하는 데는 비밀 청사진이 존재한다.

1부에서는 단순함이 '왜' 효과적인지를 배웠다. 2부에서는 단순함을 '어떻게' 실현하는지 자세히 알아보고, 이를 위한 도구를 갖출 것이다. 먼저 무엇이 우리에게 동기를 부여하는지 살펴보자.

드릴

당신이 대형 공구 회사에서 일한다고 가정해 보자. 평소대로 출근해서 공장의 조립 설비를 지나친 뒤 계단을 올라 사무실로 향한다. 그런 다음 책상에 자리를 잡고 앉아 오늘의 과제를 확인한다. 첫 번째 과제는 회사의 최신 무선 드릴 제품군의 광고를 제작하는 것이다.

큼직한 배터리 팩으로 균형이 잡힌, 밝은 주황색과 검은색으로 이뤄진 드릴이 책상에 있다. 당신은 그것을 집어 들고 자세히 살핀다. 기술자들은 제품의 회전력을 높이기 위해 열심히 노력했다. 작동 방아쇠를 당기자 강력한 모터 회전이 느껴진다. 복도 끝에 있는 디자인 팀은 가장 인체 공학적인 손잡이를 찾기 위해 수백 개의 손잡이를 테스트했다. 당신은 몇 가지 메모를 휘갈겨 쓴 뒤 잠시 고민하다가 이렇게 입력한다. "이제 20퍼센트 더 강력해진 전력과 새롭고 편안한 실리콘 손잡이, 8시간 더 길어진 배터리 수명을 갖춘 심플드릴 3000은 주택 소유자와 건설 전문가 모두에게 최고의 도구입니다." 괜찮아 보인다. 이제 이 광고를 인쇄소로 보내자.

이 세부 내용은 핵심적인 사실들을 구체적으로 드러낸다. 제품은 그 어느 때보다도 훌륭하다. 하지만 광고는 정말 형편없다.

이것은 사람들이 왜 드릴을 사는지 이해하지 못한 광고다. 단지 오감의 창을 열고 몇 가지 사실을 받아들인 뒤, 색을 조금 덧입혀 무엇이 나오는지 지켜보는 과정에서 만들어진 메시지다.

우리는 회전력이 더 강하거나 손잡이가 더 편안하거나 배터리 수명이 더 길기 때문에 드릴을 사는 것이 아니다.

우리는 왜 드릴을 살까? 전설적인 마케팅 교수 시어도어 레빗 Theodore Levitt 은 그 이유를 다음과 같이 잘 요약했다. "사람들이 원하는 것은 0.6센티미터 드릴이 아니라 그 드릴로 뚫을 수 있는 구멍이다!"[4]

작년에 전 세계 고객들은 총 100억 달러어치의 드릴을 샀다. 하지만 그중 드릴 자체를 원한 사람은 단 한 명도 없었다. 그들이 원한 것은 구멍이었다.

오감을 통해 경험하는 것(드릴의 크기, 모양, 성능, 기능)이 중요한 이유는 단 하나다. 실제로 원하는 것을 얻는 데 도움을 주기 때문이다. 우리는 물건 자체를 원하는 게 아니라 그 물건의 쓰임새를 원한다. 이를 이해하는 것이 청사진을 시작하는 첫 단계다.

우리가 실제로 원하는 것은 무엇인가?

드릴과 구멍의 예는 우리가 결정을 내리는 방식의 근본적 진실을 보여 준다. 누군가가 당신에게 무언가를 하도록 설득할 때마다 (제품을 사는 일이든, 후보자에게 투표하는 일이든, 자선단체에 기부하는 일이든, 넘치는 쓰레기봉투를 꺼내는 일이든) 한 목소리가 머릿속에서 이렇게 질문을 던진다. "그걸 하면 내게 어떤 이득이 있을까?" 때로는 '내게'가 우리 자신을 뜻하고, 때로는 우리 공동체를 뜻한다. 그 목소리는 크게 외칠 때도 있지만, 작게 속삭일 때도 있다.

결국, 우리가 무언가를 하는 것은 어떤 방식으로든 그 일의 결과를 원하기 때문이다.

모든 선택에서 우리가 찾는 것은 특징이 아니라 유익함이다. 특징은 오감을 통해 존재한다. 유익함은 그 특징들이 우리 삶에 가치를 부여하는 방식이다. 유익함을 중심으로 메시지를 구성하면, 사람들이 그 메시지에 관심을 가져야 하는 이유를 알릴 수 있다.

세계 최고의 판매원들은 이를 잘 안다. 세계 최고의 지도자들 또한 이를 잘 안다. 그리고 이러한 메시지는 철물점을 넘어 훨씬 더 다양한 분야에서도 효과를 발휘한다.

좋은 소식은, 설득하려는 것의 유익함을 "그래서 뭐?"라는 단순한 질문으로 쉽게 밝힐 수 있다는 점이다. 드릴의 배터리 수명이 더 길다. 그래서 뭐? 차에 열선 좌석이 있다. 그래서 뭐? 치약에서 박하 향이 난다. 그래서 뭐?

드릴의 배터리 수명이 길다는 것은 쉬지 않고 많은 구멍을 뚫을 수 있음을 뜻한다. 차에 열선 좌석이 있다는 것은 엉덩이를 따뜻하고 편안하게 유지할 수 있음을 뜻한다. 치약에서 박하 향이 난다는 것은 숨결에서 상쾌한 향이 날 것임을 뜻한다.

이 특징들은 앞에서 단순히 그것들을 나열했을 때보다 더 생생하고 매력적으로 느껴진다. 하지만 효과적인 의사소통자들은 여기서 같은 질문을 한 번 더 던진다. "그래서 뭐?"

드릴의 배터리 수명이 길다는 것은 쉬지 않고 많은 구멍을 뚫을 수 있다는 뜻이며, 이는 벽에 가족사진들을 빨리 걸 수 있음을 뜻한다. 차에 열선 좌석이 있다는 것은 엉덩이를 따뜻하고 편안하게 유지한다는 뜻이며, 이는 긴장을 풀고 쾌적하게 이동할 수 있음을 뜻한다. 치약에서 박하 향이 난다는 것은 당신의 숨결에서 상쾌한 향이 날 거라는 뜻이며, 이는 당신이 첫 데이트에서 좋은 인상을 남길 수 있음을 뜻한다.

이런 변환을 통해 그것이 우리에게 어떤 이득을 주는지 알 수 있다. 이런 특징들은 단순히 안내 책자에 나열된 항목이 아니라 우리 삶을 더 좋은 방향으로 이끄는 열쇠다. 깊이 파고들수록 더 깊이 연결할 수 있다.

우리는 이 2가지 층을 '기능적 이득'과 '정서적 이득'이라고 부른다. 첫 번째 층인 기능적 이득은 당신이 제공하는 것이 결과적으로 객관적 세계에 어떤 변화를 불러오는지 설명한다. 그것은 받는 이에게 어떤 이점을 주는가? 두 번째 층인 정서적 이득은 받는 이의 주관적 세계에 어떤 변화를 일으키는지 설명한다. 이 특징 덕분에 그들의 삶이 어떻게 나아지는가? 그것으로 그들은 어떤 기분을 느끼는가?

이 2가지 층이 또 다른 영역, 공중 보건이라는 까다로운 분야에서 어떻게 작용하는지 예를 들어 보자. 많은 연구에서 반복적으로 밝혀진 바에 따르면, 우리가 '정크푸드 junk food'라고 부르는 고열량 간식의 섭취는 개인의 건강에 나쁠 뿐 아니라 집단 의료 기반 시설에도 상당한 부담을 준다. 우리가 정크푸드에 집착하는 데 드는 비용의 일부 추정치는 연간 500억 달러에 이른다(내가 죄책감을 느끼면서도 즐겨 먹는 '앤티앤즈 프레즐'은 그 정도 비용을 낼 가치가 있을지도 모른다).

이처럼 큰 이해관계가 걸린 상황에서, 간식 섭취를 줄이기 위해 하는 모든 노력은 큰 영향을 미칠 수 있다. 이에 전 세계 정부는 사람들을 그런 방향으로 유도하기 위해 적극적으로 노력하기 시작했다. 미국 필라델피아에서는 정책 입안자들이 고당도 탄산음료에 세금을 부과했고, 그 결과 소비량이 평균 22퍼센트 감소했다. 멕시코에서도 비슷한 세금을 도입하자 판매량이 최대 12퍼센트 줄었다. 미국 성인의 하루 평균 당분 섭취량이 77그램(권장량의 최대 세 배)에 이른다는 점을 고려하면, 이러한 수치

들은 매우 주목할 만하다.[5]

2022년, 영국 옥스퍼드 대학교와 케임브리지 대학교의 연구자들은 정크푸드 섭취를 줄이기 위한 가상의 정책에 대해 영국 내 수천 명의 응답자를 대상으로 설문 조사를 실시하여, 다양한 유형의 메시지가 대중의 지지에 어떤 영향을 미치는지 조사했다.[6] 그 결과, 메시지가 유익함에 얼마나 초점을 맞추는지에 따라 아이디어에 대한 지지도가 크게 달라진다는 사실을 발견했다.

첫 번째 통제 집단에서 연구자들은 기준 지지 수준을 파악하기 위해 가상의 정책에 대한 사실만을 제시했다. 그들에게 전달된 메시지는 "사람들의 고열량 간식 섭취를 줄이기 위해, 정부가 고열량 간식의 가격을 10퍼센트 인상하는 새로운 정책을 고려한다고 상상해 보세요"라는 내용이었다.

정책 자체의 장점만으로, 설문 조사에 응한 사람 중 37퍼센트가 이 정책을 지지했다.

그런 다음 연구자들은 똑같은 정책에 대해 다른 집단을 대상으로 약간 다르게 질문을 던졌다. 이번에는 정책의 기능적 이득이 되는 바람직한 결과를 질문에 넣었다. "사람들의 고열량 간식 섭취를 줄이기 위해, 정부가 고열량 간식의 가격을 10퍼센트 인상하는 새로운 정책을 고려한다고 상상해 보세요. 연구에 따르면, 이 새로운 정책의 도입으로 사람들이 먹는 고열량 간식의 양이 줄어들 거라고 합니다."

첫 번째 층인 기능적 이득을 포함했는데도 불구하고, 지지율은 36퍼센트로 거의 변함이 없었다.

그러나 작은 수정 하나로 모든 것이 바뀌었다. 연구자들은 다음 집단을 대상으로 마침내 성공을 거두었다. 그들은 정책의 이점을 간략히 설명하고 다음 층인 정서적 이득 3가지를 차례로 제시했다. "사람들의 고열량 간식 섭취를 줄이기 위해, 정부가 고열량 간식의 가격을 10퍼센트 인상하는 새로운 정책을 고려한다고 상상해 보세요. 연구에 따르면, 이 새로운 정책의 도입으로 사람들이 먹는 고열량 간식의 양이 줄어들 거라고 합니다. 그 결과로 [암 환자 수, 또는 국가 보건 서비스 비용, 또는 환경 피해]가 감소할 것입니다."

정서적 이득이 방정식에 포함되자마자 이 정책에 대한 지지율은 3분의 1 증가하여 응답자의 48퍼센트로 상승했다. 그리고 3가지 이득을 모두 결합한 메시지를 시험했을 때는 가상의 정크 푸드 세금에 대한 지지율이 54퍼센트에 달하며 확실한 과반수를 기록했다. 놀랍게도 단 몇 마디의 변화만으로 승산 없는 제안이 매력적인 아이디어로 바뀔 수 있었다. 이 경우에는 궁극적으로 생명을 구할 수 있는 아이디어로 이어졌다. 같은 연구자들이 술이나 육류 소비를 줄이기 위해 세금을 올리는 대신 가용성을 제한하는 정책에 대해 비슷한 메시지 패턴을 연구했을 때도 같은 패턴이 반복적으로 나타났다. 특징뿐만 아니라 이득까지 언급하면 지지율이 증가한다.

우리에게 정말로 필요한 것은 무엇인가?

처음 2개의 층을 벗겨 내는 것은 좋은 시작이지만, 아직 핵심에 도달한 것은 아니다. 우리를 움직이게 하는 궁극적인 욕망을 밝혀내야 한다. 그래야만 청사진의 마지막 조각을 발견할 수 있다.

아마존 웹사이트에 3억 5,000만 개 이상의 제품이 올라와 있는 세상에서, 우리는 다양한 욕구와 필요가 무한히 존재한다고 생각할 수 있다. 하지만 한계를 모르는 인터넷의 기적이 제공하는 이 놀라운 선택권에도 불구하고, 우리가 지금까지 원했던 모든 것은 5가지 주요 범주로 간단히 분류될 수 있다.

20세기 초반 인간 행동을 연구하던 심리학자 에이브러햄 매슬로Abraham Maslow는 무엇이 사람들에게 동기를 부여해 행동을 유도하는지 궁금해졌다. 그 당시 심리학의 초점이 주로 질병에 맞춰져 있었기 때문에 이는 매우 참신한 아이디어였다. 매슬로는 나중에 정신분석의 아버지 지그문트 프로이트에 대해 이렇게 말했다. "프로이트가 심리학의 절반을 병든 부분으로 채워 제공했듯이, 이제 우리는 나머지 절반을 건강한 부분으로 채워야 한다." 1943년, 매슬로는 동기부여에 관한 새로운 인문학적 연구를 이어 가며 사회과학 전반에 큰 영향력을 발휘한 아이디어인 '욕구 단계 이론 hierarchy of needs'을 소개했다.7

아마 다들 이 모델을 본 적이 있을 것이다. **그림 4.1**에서 볼 수 있듯이 흔히 화려한 피라미드나 계단으로 표현되고 수많은 교과서나 경영학 프레젠테이션에도 나온다. 여전히 효과가 있으니 그럴 만도 하다. 기본 욕구에 대한 매슬로의 통찰은 오랜 시간 동안 검증받았으며, (물론 여기저기서 약간의 수정이나 비판도 있었

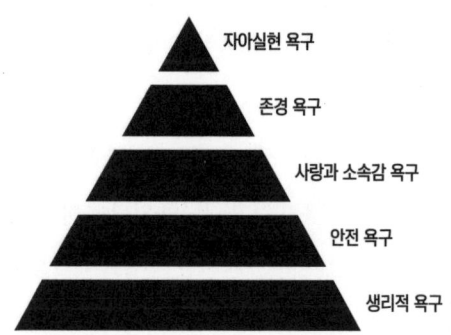

그림 4.1 매슬로의 욕구 단계 이론

다.) 그의 통찰 덕분에 우리는 왜 일부 메시지가 같은 효과를 내는지 밝힐 수 있게 됐다.

이 모델에 따르면, 우리에게는 삶에서 채우고자 하는 일련의 보편적 욕구가 있다. 우리가 원하는 모든 것은 생리적 욕구, 안전 욕구, 사랑과 소속감 욕구, 존경 욕구, 자아실현 욕구로 분류될 수 있다.

- **생리적 욕구**: 우리는 다른 무엇보다 먼저 생리적으로 필요한 것들을 처리해야 한다. 배고플 때는 음식이 필요하고, 목마를 때는 물이 필요하고, 추울 때는 거처와 옷이 필요하다. 피곤할 때는 잠을 자야 하고, 성적인 욕구가 있을 때는 그 욕구를 채워야 한다.
- **안전 욕구**: 우리는 모든 형태의 자기 보호와 안전을 추구한다. 이 영역은 우리의 건강과 신체적 안전, 정서적 안정과 경제적 안정을 포괄한다.
- **사랑과 소속감 욕구**: 이 욕구는 우리를 인간다워지게 한다. 우리는 가족과 친구의 사랑을 원하고 집단의 일원이 되는 소속감을 갈망한다. 우리는 모두 친밀감과 신뢰, 수용과 애정을 기대한다.
- **존경 욕구**: 존경 욕구는 2가지 하위 범주로 나뉜다. 하나는 우리가 자신을 바라보는 방식이고, 다른 하나는 타인이 우리를 바

라보는 방식이다. 첫 번째 범주에서 우리는 내면의 힘과 능력, 숙달과 성취를 추구한다. 두 번째 범주에서는 사회에서 주어지는 존중과 평판, 지위와 명성을 추구한다.

+ **자아실현 욕구**: 가장 높은 수준의 욕구는 잠재력 실현에 관한 모든 것을 포괄하는 넓은 범주를 뜻한다. 우리는 위대한 목표를 달성하고, 놀라운 작품을 만들고, 개인적으로 성장하고, 자신을 창의적으로 표현하기 위해 노력한다. 이런 성공은 시스티나 성당에 그림을 그리거나 노벨상을 타는 것처럼 대단할 수도 있고, 훌륭한 부모가 되거나 기타를 배우는 것처럼 일상적일 수도 있다.

보통 우리는 은유적 사다리를 타고 다음 단계의 욕구로 올라가기 위해 대략 이 순서대로 각각의 욕구를 충족하려고 노력한다. 하지만 이런 과정은 비디오게임처럼 명확하지 않으며, 단계를 건너뛰는 경우도 흔하다. 사실 욕구 단계 이론이 피라미드 형태로 가장 널리 알려졌지만, 매슬로는 자신의 이론을 그렇게 묘사한 적이 없었다. 아무튼 우리의 목적을 이루려면 근본적 범주들 자체에만 관심을 가지면 된다.

효과적인 메시지는 모두 이 기본적 욕구 중 하나로 연결되며,

이는 "그래서 뭐?"의 마지막 층을 파악하는 데 도움이 된다. 기본적 욕구들이 앞에 나온 예시들과 어떻게 연관되는지 살펴보자.

드릴의 배터리 수명이 길다는 것은 쉬지 않고 많은 구멍을 뚫을 수 있다는 뜻이다. 이는 벽에 가족사진들을 빨리 걸 수 있음을 뜻하므로 사랑과 소속감 욕구 충족에 도움을 준다.

차에 열선 좌석이 있다는 것은 엉덩이를 따뜻하고 편안하게 유지할 수 있다는 뜻이다. 이는 당신이 긴장을 풀고 쾌적하게 이동할 수 있음을 뜻하므로 생리적 욕구 충족에 도움을 준다.

치약에서 박하 향이 난다는 것은 당신의 숨결에서 상쾌한 향이 날 거라는 뜻이다. 이는 당신이 첫 데이트에서 좋은 인상을 남길 수 있음을 뜻하므로 존경 욕구 충족에 도움을 준다.

우리는 해냈다. 핵심에 도달했다. 세 단계의 질문을 거친 끝에, 이 특징들이 왜 실제로 중요한지 완벽히 이해했다. 이렇게 확립된 이해를 바탕으로, 메시지를 다시 만들기 시작할 수 있다. 효과적인 의사소통자들은 이 단순한 모델을 이용해 상대를 설득하고 자신의 이야기를 전달한다. 이를 '탐구-구축 Drill-Build' 방식이라고 부르기로 하자.

✦ 유익한 메시지 만들기

우리가 걸어온 여정은, 보고 느낄 수 있는 특징들에서 출발해 1단계 기능적 이득을 거치고 2단계 정서적 이득을 넘어 마침내 기본적 욕구에 도달했다. 이는 명확하고 설득력 있는 메시지를 구성하기 위한 청사진을 마련하는 데 도움을 준다. 가장 좋은 점은 이 계획을 따르기 위해 뛰어난 건축가일 필요가 없다는 것이다. 함께 시작해 보자.

유익함이 있는 메시지와 유익함이 없는 메시지의 예

"주머니 속에 1,000곡"
— 애플

"음악이 원하는 그대로"
— 마이크로소프트

"당신이 꿈꾸는
모든 것을 이루세요."
— 미국 육군

"개인이 곧 군대다."
— 미국 육군

"일찍 자고 일찍 일어나면
건강하고 부유하고 현명해진다."
— 벤저민 프랭클린

"잠은 평생 건강과 행복에
중요한 역할을 합니다."
— 미국 국립 심장, 폐, 혈액 연구소

탐구하고 나서 구축하라

고층 건물이 구조적 안정을 확보하기 위해 땅속 깊이 파고들어야 하듯이, 메시지의 '방향'을 설정하고 이를 단단히 고정하려면 메시지의 기초가 되는 욕구를 살펴보아야 한다. 건물의 지하층과 마찬가지로, 이 욕구의 층은 겉으로 드러나 있지 않다. **그림 4.2**에 나오는 '탐구-구축 방식'을 활용하면 이러한 욕구를 파악할 수 있다.

드릴의 예로 돌아가 보자. 우리는 이 예에서 다루는 욕구가 사랑과 소속감이라는 사실을 확인했다. 이 욕구는 포장지나 웹사이

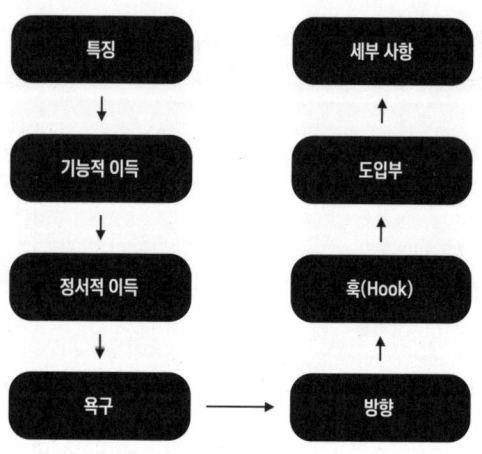

그림 4.2 탐구-구축 방식

트에 직접적으로 드러나지 않지만, 우리가 '감성적'이라고 부를 방향과 어조를 선택하는 데 도움을 준다.

이 정보를 바탕으로 메시지를 다시 만들 수 있다. 각 단계를 건너편의 해당 항목과 연결하며, 단계를 밟아 올라가 보자. 웹사이트의 첫 문장, 연설의 서론, 광고의 표제 등을 일컫는 '훅^{hook}'은 정서적 이득에 근거한다. 드릴의 경우, 정서적 이득은 가족사진을 벽에 붙일 수 있다는 것이다. 따라서 우리는 "당신의 추억을 저장하세요"라는 문구를 훅으로 사용할 수 있다.

훅은 고객의 주의를 끈다. 일단 주의를 끌고 나면 다음에 할 말, 즉 도입부로 넘어간다. 이 단계에서는 기능적 이득을 다시 언급하여 고객의 마음을 확실히 붙잡아야 한다.

우리는 드릴의 길어진 배터리 수명이 쉬지 않고 많은 구멍을 뚫을 수 있는 기능적 이점을 제공한다는 사실을 확인했다. 따라서 "심플드릴 3000의 하루 종일 지속되는 배터리로 반나절 만에 벽을 갤러리로 완성하세요"와 같은 문구로 도입부를 재구성할 수 있다.

고객의 관심을 사로잡았고 그것이 고객에게 어떤 이점을 제공하는지 설명했으니, 마지막으로 세부 사항인 특징들을 열거할 차례다. 우리에게 중요한 사람들의 눈길을 끌고 그렇지 않은 사람들을 걸러 내고 나면, 이제 본론으로 들어가 드릴의 20퍼센트 더 커진 배터리와 편안한 손잡이, 추가 전력에 대한 정보를 전달하는 여유를 누릴 수 있다. 탐구-구축 방식을 이용해 우리는 메시지의 구조를 고쳐 더 설득력 있는 메시지를 만들었고 훨씬 많은 공구를 팔 준비를 마쳤다. **그림 4.3**에 나온 수정 전과 수정 후의 광고를 살펴보라.

두 메시지 중 하나는 여러 세부 사항을 뒤죽박죽으로 늘어놓아 바쁜 일상 속 다른 소음들에 묻혀 버린다. 다른 하나는 사람들이 실제로 이 제품을 원하는 이유를 이야기한다. 이제 이 모델을 이해했으니, 훌륭한 의사소통자들이 활동하는 모든 곳에서 이 모델을 발견하게 될 것이다.

하지만 안타깝게도, 우리는 뛰어난 의사소통자 중 일부가 이 단순한 구조를 잊어버리는 경우를 자주 본다. 그들이 그것을 잊는 순간, 이 구조를 제대로 이해한 열성적인 경쟁자들은 바짝 뒤쫓으며 치열한 경쟁을 벌일 것이다.

목표에 집중하라

나이가 들고 성장할수록 구멍에서 멀어져 드릴에 초점을 맞추는 경우가 많아진다. 사업이나 다른 분야에서 입지를 다진 사람들은

> **전**
>
> 이제 20% 더 강력해진 전력과 새롭고 편안한 실리콘 손잡이, 8시간 더 길어진 배터리 수명을 갖춘 심플드릴 3000은 주택 소유자와 건설 전문가 모두에게 최고의 도구입니다.

> **후**
>
> ## 당신의 추억을 저장하세요
>
> 심플드릴 3000의 하루 종일 지속되는 배터리로 반나절 만에 벽을 갤러리로 완성하세요.
>
> - 향상된 8시간 배터리 수명
> - 극도로 편안한 실리콘 손잡이
> - 20% 더 강력한 전력

그림 4.3 탐구-구축 방식을 이용해 메시지를 정리하기 전과 후

자신을 지금의 자리에 있게 한 핵심 요소를 쉽게 잊고 자신의 메시지를 당연하게 여기기 시작한다. 이런 생각이 들지도 모른다. '잠깐, 다들 우리가 누군지 안다면 왜 굳이 좋은 이야기를 들려주는 데 투자해야 하지?'

당신이 잘나가는 도전자라면, 유익한 메시지를 만드는 일이 보통 더 쉽다. 이는 당신이 이야기를 이끌어 가는 동기에 더 가까이 있기 때문이다. 이야기의 맥락을 잃어버린 브랜드들과 그들을 바짝 뒤쫓으며 더 좋은 이야기를 들려주는 브랜드들의 사례를 살펴보자.

2010년 이전의 안경 산업은 정체되고 독점적이었다. 한 주요 기업이 생산부터 브랜드 형성, 유통까지 모든 과정을 통제했다. 워비 파커Warby Parker는 혜성처럼 등장해 세련된 저가 안경테와 편리한 온라인 쇼핑 경험을 제공하며 업계의 판도를 뒤집어 놓았다. 그 후로, 이 회사는 기존 체제에 큰 타격을 주며 수십억 달러 가치의 기업으로 성장했다. 그리고 150여 개의 매장을 열어 온라인 시장에서 오프라인 시장으로 도약했다. 이 과정에서 워비 파커는 정체된 산업 전반에 걸쳐 비슷한 생각을 가진 수십 개의 소비자 직접 판매 회사에 영감을 주었다.

워비 파커의 가장 큰 경쟁자는 거대한 안경 대기업 룩소티카가 소유한 렌즈크래프터스LensCrafters다. 렌즈크래프터스가 자사 홈페이지에 올린 문구를 통해 어떻게 소비자와 소통하는지 주목해 보자. "우리의 다양한 시각적 해결책으로 여러분의 눈을 보살피세요. 지금 온라인과 오프라인 매장에서 뛰어난 품질의 다양한 렌즈와 최신 안경 컬렉션을 선택하세요." 뛰어난 품질의 렌즈와 새로운 컬렉션은 좋지만, 그것이 정말로 안경을 사는 이유일까?

이를 도전자 워비 파커의 문구와 비교해 보자. "우리 안경을 사면 당신은 적은 돈으로 행복해지고 멋있어집니다. 안경과 선글라스, 콘택트렌즈로 당신의 눈을 완벽히 책임지겠습니다." 느낌이 오지 않는가? 우리는 정서적 이득을 바로 깨달을 수 있다. 우리가 워비 파커에서 안경을 사는 것은 그것을 끼면 '행복해지고 멋있어지기' 때문이다.

많은 사람이 그 안경을 쓰고 오래 들여다보는 것, 스프레드시트로 화제를 바꿔 보자. 1987년에 출시된 이후, 마이크로소프트 엑셀은 아마도 역사상 가장 성공적인 소프트웨어 제품일 것이다. 엑셀은 현대 기업의 근간이자 교회 단체, 축구 리그, 학술 연구자 등 수많은 사람이 활용하는 유용한 도구로 자리 잡았다. 안타깝게도, 엑셀이 사회 기반 시설에 깊이 뿌리내리면서 마이크로소프트는 엑셀에 관해 어떻게 이야기해야 할지 잊어버린 듯싶다.

마이크로소프트가 자사의 매우 중요한 제품인 엑셀에 대해 웹사이트에 올린 첫 문구는 다음과 같다. 우선 유통 방식을 언급한다. "지금 마이크로소프트 365를 구독하세요." 그런 다음 제품 특징을 소개한다. "전문가와 초보자를 위해 지능이 향상됐습니다."

이 메시지들로는 제품이 어떤 용도로 쓰이는지 혹은 소비자가 왜 관심을 가져야 하는지 알 수 없다.

엑셀 옆에는 새로운 기능을 갖춘 경쟁자들이 빠르게 등장하고 있다. 그중 가장 주목할 만한 것은 2012년에 설립된 에어테이블Airtable이다. 현대 기업들의 스프레드시트 활용 방식에 더 잘 맞는 새 기능을 포함하는 것 외에도, 에어테이블의 강점은 단순한 메시지 전달에 있다. 에어테이블이 제시하는 메시지는 다음과 같다. "무엇이든 연결하세요. 무엇이든 성취하세요. 데이터, 업무 흐름, 팀을 연결하는 강력한 앱으로 작업 속도를 높이고 잠재력을 발휘하세요." 에어테이블의 제품이 당신에게 어떤 도움을 줄 수 있는지 바로 이해되지 않는가?

재미있게도, 마이크로소프트의 문구가 항상 이렇게 밋밋했던 것은 아니다. 엑셀의 첫 번째 광고를 돌아보면, 광고는 이렇게 시작한다. "마이크로소프트 엑셀을 소개합니다. 새로운 기계의 영혼." 광고 후반부에서는 다음과 같이 이점을 나열한다. "마이크로소프트 엑셀은 이전의 어떤 스프레드시트도 할 수 없었던 방식으로 도움을 줄 수 있습니다. 순식간에 인상적인 결과물을 제공하며, 한 박자도 놓치지 않는 속도를 자랑합니다. 또한 마이크로소프트 엑셀은 사용자가 소프트웨어에 맞출 필요 없이, 사용자의 필요에 맞춰 적응하는 기능을 제공합니다."

세월과 규모는 보내는 이와 받는 이 사이에 거리를 만든다. 그 거리는 각 단계에서 이점이 점점 더 흐릿해 보이게 한다. 반면에 특징들은 계속 선명하게 유지된다. 우리는 자신의 메시지가 왜 중요한지 스스로에게 의도적으로 끊임없이 질문해야 한다. 그래야 받는 이와 더 효과적으로 연결될 수 있다.

우리가 여기서 알아낸 것이 매우 당연해 보일 수도 있다. 당신은 단순히 200쪽짜리 종이 묶음을 원해서 이 책을 산 것이 아니다. 오늘 아침 커피를 주문할 때, 당신은 뜨거운 물에 볶은 원두를 우린 음료가 아니라 카페인 효과를 원한다는 것을 알고 있었다. **그림 4.3**에 나온 드릴 광고의 '수정 전' 버전을 보며 당신은 '아니, 아무도 이런 식으로 쓰지 않을 거야. 당연히 전문가들은 이것보다 더 잘 쓸 거야'라고 생각할지도 모른다. 하지만 명확한 것일수록 놓치기 쉽고, 단순하게 만드는 일은 보기보다 어렵다. 특히 올바른 틀이 없다면 말이다. 메시지를 잘 구성해서 전달할 수 있는 여지가 얼마나 많은지 알고 싶다면, 아마존에 등록된 수백만 가지 제품 중 가장 인기 있는 드릴의 실제 설명 문구만 살펴보면 된다. 그 문구는 다음과 같다.

블랙+데커 20V 맥스 무선 드릴/드라이버는 빠른 집수리, DIY 프로젝트 등 다양한 작업에 적합합니다. 이 소형 무선 드릴/드라이버는 나무, 금속, 플라스틱에 사용할 수 있습니다. 24단 클러치 설계로 나사를 망가뜨리거나 지나치게 조이는 것을 방지하고 모든 프로젝트에 더 향상된 통제력을 제공합니다. 부드러운 손잡이는 처음부터 끝까지 편안함을 주며, 재충전할 수 있는 20V 맥스 파워커넥트 배터리는 동일한 시스템의 다른 도구와도 호환됩니다.[8]

우리는 이보다 더 잘할 수 있다. 연구와 역사가 그것을 증명했고, 이제 우리는 그 방법을 안다. 우리가 원하는 것은 드릴이 아니다. 구멍도 아니고 벽에 걸린 사진도 아니다. 우리가 진정으로 원하는 것은 사랑과 소속감이다. 드릴은 그 욕구를 충족하도록 도와주는 도구일 뿐이다.

점검 과제

- 당신의 기존 메시지를 검토해 보라. 당신의 메시지가 강조하는 것은 이득인가, 아니면 특징인가?
- 당신의 메시지를 받은 이의 삶은 어떻게 나아졌는가? 당신은 어떤 문제를 해결했는가?
- 당신의 메시지를 받은 이들이 무엇을 하기를 원하는가? 당신이 제시하는 구체적 행동은 무엇인가?
- 자신에게 "그래서 뭐?", "그래서 뭐?", "그래서 뭐?"라고 물어보라. 각 단계에서 무엇을 발견했는가? 어느 단계에 집중하는 것이 맞을까?
- 당신의 메시지를 강도 높게 시험해 보라. 받는 이가 제기할 수 있는 가장 큰 반대 의견은 무엇인가? 그 의견에 어떻게 답할 것인가?

5장
초점:
프랑켄슈타인식 아이디어와 싸우기

너는 다수를 따라 악을 행하지 말지니.
— 구약 성경 출애굽기

매 학기 마케팅 수업을 듣는 학생들은 팀을 구성하여 여러 조별 프로젝트를 진행한다. 첫 번째 과제에서 그들은 내가 간략히 설명한 브랜드의 광고 기획안을 만들기 위해 협력해야 한다. 그리고 나는 마케팅 전문가들을 초청한 뒤 그들에게 고객 역할을 맡아 피드백을 제공하고 가장 설득력 있는 제안을 선정하는 데 도움을 달라고 요청한다.

많은 학생이 훌륭한 성과를 낸다. 하지만 매번 학부생들에게서 노련한 임원들조차 빠지기 쉬운 치명적인 실수, 즉 프랑켄슈타인식 아이디어를 발견한다.

메리 셸리Mary Shelley의 시대를 앞선 이 공포 소설에서, 빅터 프랑켄슈타인 박사는 생명이 없는 존재에게 생명을 불어넣는 과정을 개발하고, 살아 있는 인간, 즉 '창조물'을 만드는 일에 착수한다.[1] 그 결과는 다음과 같이 묘사된다.

> 그의 팔다리는 균형이 잘 잡혔고, 나는 그의 이목구비를 아름답다고 생각하며 선택했다. 아름답다고! 맙소사! 그의 누런 피부는 그 아래 근육과 혈관을 간신히 덮고 있었다. 찰랑거리는 머리카락은 윤기 나는 검은색이고, 치아는 진주처럼 새하얀 빛을 띠었다. 하지만 이런 화려함은 물기 어린 흐릿한 눈과 메마른 안색, 곧고 검은 입술과 더욱 끔찍한 대조를 이룰 뿐이었다. 그의 눈은 회백색 눈자위와 거의 같은 색으로 보였다.

프랑켄슈타인 박사는 해부학적으로 아름다운 신체 부위를 하나하나 신중히 골랐다. 하지만 이렇게 서로 어울리지 않는 부분들을 조립했을 때, 깨어난 것은 흉측한 괴물이었다. 각 부위는 다른 부위들과 '끔찍한 대조'를 이루었으며, 완성된 모습은 각 부분의 합보다 훨씬 더 끔찍했다.

이런 미친 과학 실험 같은 현상은 사람들이 아이디어를 내기 위해 모일 때마다 벌어진다. 누군가는 인플루언서를 쓰자는 의견을 내고, 누군가는 '드론'을 외친다. 대체 불가능 토큰^{NFT}이나 인공지능 같은 용어가 대화에 불쑥 등장하고, 화이트보드에는 몇 개의 해시태그가 적힌다. 마감일이 되면 모든 것이 엉망으로 뒤섞이고, 최종 프로젝트는 머리가 일곱 달린 괴물이 되고 만다.

이런 방식은 결코 효과적이지 않다.

당신은 모든 사람을 만족시킬 수 없다. 동시에 2가지 주제를 말할 수도 없다. 그렇게 하려 한다면, 매번 실패할 것이다.

✦ 초점이 중요한 이유

프랑켄슈타인식 아이디어에는 기본적으로 초점이 없다.

당신의 말에 중요한 요점이 하나뿐이라면, 사람들은 알아차릴 수밖에 없다. 하지만 네다섯 가지 요점이 마구 뒤섞여 있다면, 사람들은 쉽게 흐름을 놓친다. 다른 것을 추가할 때마다 기존 내용의 초점은 흐려진다. **그림 5.1**에 나타난 것처럼, 주의력이라는 제로섬 $^{zero-sum}$(경제학이나 게임이론에서 사용하는 용어로 하나를 얻으

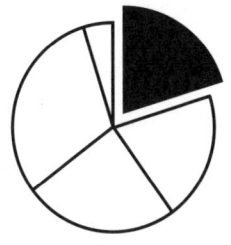

Focused
(초점이 있는 상태)

Unfocused
(초점이 없는 상태)

그림 5.1 주의력은 제로섬이다.

면 다른 하나를 잃는 구조를 뜻함-옮긴이) 파이는 점점 더 적게 나눈다.

하지만 이는 약간 효과를 잃는 문제가 아니라 훨씬 더 심각하다. 초점을 잃는 것은 엔지니어들이 '재앙적 고장'이라고 부르는 것, 즉 모든 것이 한꺼번에 무너지는 상황과 같다.

너무 많은 공으로 묘기를 부리려 하면 마지막 공만 떨어뜨리는 게 아니라 모든 공을 놓친다. 당신의 메시지가 무관심이라는 방패를 뚫지 못하거나 충분한 관심을 얻지 못하면, 그 메시지는 단순히 효과가 덜 한 게 아니라 완전히 실패한다. 우리 뇌는 여러 정보를 동시에 처리하도록 만들어지지 않았다. 거의 모든 사람, 정확히 97.5퍼센트에 달하는 사람들에게 여러 가지 일을 동시에

하는 멀티태스킹 multitasking은 신화일 뿐이다.² 아주 드물게 이런 경향을 거스르는 '슈퍼태스커 supertasker(멀티태스킹에 능한 사람-옮긴이)'가 아닌 이상, 과제나 아이디어 사이에서 이리저리 주의를 옮기는 것은 하나의 일에 충분히 집중하는 우리의 능력을 훼손한다.

메시지의 초점을 맞추지 못하고 주의를 분산하면, 아무런 연결도 이루지 못한다. 이 상황을 완벽히 요약하는 속담이 있다. '두 마리 토끼를 잡으려다가 하나도 못 잡는다.'

'우선순위 priority'라는 단어는 단수형이다. 당신은 하나의 아이디어에만 주의를 기울일 수 있고, 궁극적으로 가장 잘할 수 있는 일도 하나뿐이다. 우리는 혼자 하는 일이든 함께 하는 일이든 여러 가지를 한꺼번에 추구하려는 경향이 있지만, 이는 결국 우리를 엉뚱한 방향으로 내몬다. 초점을 맞추는 것은 힘든 싸움이다.

위원회는 위대함을 죽인다

프랑켄슈타인 박사의 괴물이 문학에서 가장 저주받은 창조물이라면, 위원회는 비즈니스 세계에서 가장 무시무시한 적이다. 이 단어는 형광등 아래 회의실과 딱딱해진 베이글, 끝없이 이어지는 줌 통화와 불안정한 화면 공유를 떠올리게 한다. 위원회를 좋아하기란 쉽지 않다.

작가 길버트 키스 체스터튼은 이렇게 말했다. "모든 도시의 공원을 샅샅이 뒤졌지만, 위원회의 조각상은 하나도 찾지 못했다." 영국의 공무원 바넷 콕스는 위원회를 이렇게 정의했다. "위원회는 아이디어를 유혹해 막다른 골목으로 끌어들인 뒤 조용히 목 졸라 죽이는 존재다."

연구에 따르면, 창의력 자극과 아이디어 생성을 목적으로 고안된 집단 브레인스토밍은 흔히 그 목적과 정반대의 결과를 낳는다. 결과물의 양과 질에서 개인이 집단보다 우수한 경우가 많으며, 회의는 규모가 커질수록 결과가 나빠지는 경향을 보인다. 이 역학 관계에 관한 연구에 따르면, 집단 인원이 여섯이나 일곱 명을 넘어가면 회의에서 공유되는 아이디어의 총량이 한계에 도달한다.[3] 내향적인 사람들은 의견을 내기 어려워하며, 한 사람의 큰 목소리가 전체 대화를 방해할 수 있다.

내 말을 오해하지 말기 바란다. 협업은 필수적이고 멋진 일이며 예술, 비즈니스, 과학 등 인간이 노력하는 모든 분야에서 놀라운 성취의 씨앗이 되어 왔다. 협업은 우리의 도구 상자에도 들어 있다. 실제로 이 책의 후반부에서 다른 사람들과 함께 일하는 것이 얼마나 중요한지를 깊이 논의할 것이다. 하지만 우리는 협업

과정에서 사람들이 흔히 저지르는 실수와 그 위험성에 관해서도 이야기할 것이다.

목표와 지도력이 없는 위원회는 평범함을 양산하는 기계이자 복잡함을 만드는 존재다. 집단의 역학 관계 때문에 훌륭하고 단순한 메시지가 사라지는 경우가, 그 집단이 스스로 뛰어난 결과물을 만드는 경우보다 훨씬 많다. 광고계의 전설 데이비드 오길비David Ogilvy는 이렇게 말했다. "위원회는 비판할 수 있다…. 하지만 절대로 창조하는 일을 허락받아서는 안 된다."[4]

단순한 메시지를 전하는 데는 용기가 필요하다. 단순한 메시지는 다른 메시지들과 강렬한 대조를 이뤄 눈에 띄기 때문이다. 용기를 내는 것은 개인에게도 어려운 일이지만, 모든 요인이 안전한 선택을 부추기는 집단에는 특히 더 어렵다. 집단은 위험을 피하려 한다. 그 과정에서 메시지를 효과적으로 만드는 흥미로운 요소들을 스스로 깎아 내고, 결국 평범한 수준에 머문다.

덜어 내는 일은 괴롭다

'무언가'에는 옹호자가 있다. 반면에 무언가가 없는 상태를 옹호하는 사람은 거의 없다. 회의실이나 신문에서, 우리는 자신이 추가한 기능이나 건설한 다리, 살려 낸 아이디어를 자랑스럽게 내

그림 5.2 없는 것에 대한 증거는 없다.

세우길 좋아한다. 하지만 최상의 상황에서도, 무언가가 없는 상태를 옹호하는 사람은 없다(**그림 5.2** 참조). 더구나 그 무언가를 지키려는 이들이 자신의 업적과 급여를 보호하기 위해 방해까지 한다면, 무언가의 부재를 지지하는 일은 훨씬 더 어려워진다. 법무 부서는 당신이 주장을 완곡하게 표현하기를 원하고, 내부 팀들은 광고에 자기네 기능이 포함되기를 바라고, 최고 경영자는 웹사이트에 자기 얼굴이 나오기를 원한다. 모두 무언가를 넣고 싶어 할 뿐, 빼고 싶어 하는 사람은 없다.

메시지를 자르고 정제하는 과정은 본질적으로 고통스럽다. 그것은 무엇을 포함하고 무엇을 뺄지 절충해야 한다는 뜻이다. 고통은 내면과 외부에서 모두 온다. 우리는 '소중한 것을 버리는 일'을 싫어한다. 그리고 협력자들은 자신의 아이디어가 포함되기를 바라며, 그것을 지키기 위해 강하게 주장할 것이다. 이는 자기 보호 본능이다.

날아오르려면 이 고통을 이겨 내야 한다. 초점을 맞추기 위해서는 창의적 주도력과 비전, 덜어 내기의 전략적 이해, 그리고 무엇보다도 헌신이 필요하다.

✦ 초점이 뚜렷한 메시지 만들기

초점을 맞추려면 선택하고 절충해서 아이디어를 설득력 있게 전해야 한다. 보통 이런 과정은 언어나 이미지, 구조의 미묘한 차이를 아는 것보다 사람들과 그들의 관심사를 이해하는 것에 더 큰 비중을 둔다. 받는 이에게 다가가려면, 보내는 이는 초점을 맞춰 명확한 메시지를 만드는 내적 작업을 수행해야 한다.

'그리고'를 '그래서'로 바꿔라
단순함을 추구하는 싸움에서 '그리고'라는 단어가 적이라는 사실을 깨달아야 한다. '그리고'는 지나치게 넓은 범위를 포함하며, 엉

초점이 있는 메시지와 초점이 없는 메시지의 예

"저렴한 가격. 더 나은 삶"
— 월마트

"시어스에서 더 풍요로운 삶을"
— 시어스

"내 방식대로 즐긴다."
— 버거킹

"동네에서 즐기는 맛있는 식사"
— 애플비즈

"떨어져 있으면
그리움이 커진다."
— 속담

"부재와 소통, 친절과 애정은
그리움을 더 키운다."
— 속담 아님

뚱한 의미를 담기도 한다. 그 대신 계획하고 사고하는 과정에서 '그리고'를 '그래서'로 바꾸라. '그래서'는 다른 아이디어에서 한 아이디어로 자연스럽게 이어지도록 하며, 핵심 아이디어와 그것을 실현하는 방법 사이에 직접적 인과관계와 맥락이 존재함을 뜻한다.

"우리는 카페 고객의 충성도를 높이기 위한 프로그램을 개발하고, 수집용 커피 머그잔을 선보일 것이다"라는 목표는 문법적으로 올바른 완벽한 문장처럼 들린다. 경고 신호는 전혀 울리지 않는다. 우리 뇌는 그 문장을 듣고 '아 그래, 말이 되네'라고 생각하며 그냥 넘어간다. 하지만 '그리고'를 '그래서'로 바꿔서 다시 들어 보라. "우리는 카페 고객의 충성도를 높이기 위한 프로젝트를 개발할 예정이다. 그래서 수집용 커피 머그잔을 선보일 것이다."

좀 어색하게 들리지 않는가? 머그잔은 고객 충성도를 높이기 위한 프로그램과 정확히 어떤 관련이 있을까? 머릿속에 경고신호가 울리고, 우리는 이 2가지가 실제로는 관련이 없다는 사실을 깨닫는다. 이것이 프랑켄슈타인식 아이디어가 만들어지는 과정이다. 처음부터 다시 시작한 결과, 목표는 다음과 같이 정해진다. "우리는 카페 고객의 충성도를 높이기 위한 프로그램을 개발할 예정이다. 그래서 고객들이 포인트를 추적할 수 있도록 모바일 앱을 만들 것이다."

이것이 훨씬 더 말이 된다. 이것은 트렌치코트 안에 억지로 숨겨 넣은 3가지 아이디어가 아니라 하나의 확실한 아이디어다.

그림 5.3 '그리고'를 '그래서'로 바꾸어 메시지의 일관성을 시험해 보라.

그림 5.3에 나와 있는 것처럼, '우리는 아이디어 x와 전술 y를 실행할 것이다'와 '우리는 아이디어 x를 실행한다. 그래서 전술 y를 실행할 것이다'를 비교해 보라.

'그리고'는 나의 할아버지가 잘 맞지 않는 조각들을 이어 붙이고 물건을 고칠 때 사용했던 테이프와 끈 같다. '그리고'를 사용하면 서로 어울리지 않는 많은 아이디어를 한데 엮을 수 있다. 그렇게 하면 '어느 정도 효과가 있는 것처럼' 보인다. 프랑켄슈타인 박사의 괴물은 '그리고'로 엮여 있다.

하지만 '그래서'는 생각을 유도한다. '그래서'는 첫 번째 아이디어에서 두 번째 아이디어로 이어지는 명확한 경로를 만들어야 한다는 것을 뜻한다. '그래서'를 넣었을 때 이야기가 말이 되지 않는다면, 그건 정말로 말이 되지 않는 것이다.

보스를 두라

로큰롤 업계에서 살아남기란 쉽지 않다. 장기적으로 성공하려면 창의적 탁월함뿐 아니라 모든 것을 조화롭게 유지할 수 있는 사업적 역량도 필요하다.

50년이 넘는 세월 동안, 브루스 스프링스틴 Bruce Springsteen은 역사상 가장 성공한 록스타로 꼽혀 왔다. 뉴저지 출신인 그는 그래미상, 아카데미상, 토니상, 골든 글로브상을 수상하고 대통령 자유 훈장을 받았다. 작곡가 명예의 전당과 로큰롤 명예의 전당에도 이름을 올렸다. 이제 70대 중반에 접어든 그는 여전히 공연장을 팬들로 가득 채우고 새 앨범을 낼 때마다 음악 차트 정상을 차지한다. 세상에는 수많은 상징적 인물이 있지만, 그는 의심할 여지 없이 록 음악계의 전설로 우뚝 서 있다.

2016년에 출간된 자서전 《Born to Run(본 투 런)》에서 스프링스틴은 자신의 기량을 최고로 끌어올린 험난했던 여정을 이야기한다. 그의 첫 밴드 '캐스틸스the Castiles'는 활기가 넘쳤지만 혼란스러웠다. 밴드는 거의 모든 일에서 의견이 맞지 않았고, 멤버들은 경찰서에 들락날락하기 일쑤였다. 지역 클럽에서 어느 정도 성공을 거두어 싱글 음반까지 한 장 냈지만, 상황이 너무 혼란스러운 탓에 밴드는 오래 유지되지 못했다. 결국, 그 밴드에는 로커만 많고 리더 역할을 할 사람이 없었다.

몇 년간 솔로 활동을 한 후, 스프링스틴은 밴드를 새로 구성하기 시작했다. 이제 그는 이 밴드를 "심장을 멎게 하고 바지를 내리게 하고 집을 뒤흔들고 지진을 일으키고 엉덩이를 흔들게 하고 비아그라를 먹게 하고 사랑을 나누게 하는 전설적 E 스트리트 밴드!"라고 부른다. 하지만 캐스틸스 때와 달리, 스프링스틴은 E 스트리트 밴드의 일원이 아니었다. 그는 밴드의 주인이었다. 그는 그 과정을 이렇게 설명한다. "처음에는 솔로 공연보다 더 풍성하면서도, 1인 1표의 민주적인 밴드보다는 덜 복잡한 형태를 원했다. 민주적인 밴드에 있어 봤는데 나와 맞지 않았다. 록밴드에서 민주주의는 거의 예외 없이 시한폭탄과 같다."[5]

스프링스틴의 별명이 '보스The Boss'인 데는 그럴 만한 이유가 있다. 그가 모든 것을 책임지고 있기 때문이다. 그의 창의적 비전이 곧 밴드다. 그는 밴드에 누가 들어오고 나갈지 결정한다. 모든 것이 제대로 굴러가고 있는지 (그리고 모든 것이 만족스러운지) 확인하는 일도 그의 몫이다. 스포트라이트를 받는 것은 그의 이름이지만, 그만큼 책임도 따른다.

이런 권한이 부족한 조직은 정말 많다. 본질적으로 평등한 학생들로 구성된 나의 강의 팀들도 이런 함정에 빠지기 쉽다. 하지만 강의실 밖에서 이뤄지는 많은 협업도 마찬가지다. 리더도 없고, 의사 결정을 위한 합의된 절차도 없고, 성공이나 실패를 책임지는 사람도 없는 집단은 작은 마찰만 생겨도 쉽게 혼란에 빠진다. 그런 혼란은 초점의 적이다.

이 혼란을 해결하는 가장 좋은 방법은 창의적 지도력을 도입하는 것이다. 때로는 합의가 가능하지만, 대개는 누군가가 혼란스러운 아이디어 목록을 검토하고 효과 없는 것을 걸러 내고 최종 승자를 선택할 권한을 가져야 한다.

이 일은 어렵다. 결정권자는 생색 나지 않는 자리다. 상황이 어려워지면 결국 결정권자가 비판의 표적이 된다. 채택된 아이디어를 낸 사람들 빼고 모든 이가 화를 낼 수도 있다. 어려움이 따르더라도 성공적이고 초점이 뚜렷한 아이디어를 만들기 위해 이 역할은 꼭 필요하다.

창의적인 작업과 효과적인 아이디어는 거의 항상 우리 공동체와 팀, 주변 세상에서 영향받은 결과이며, 그들과의 협업에서 비롯된 것이다. 진공상태에서 무언가를 창조하는 고독한 천재는 존재하지 않는다. 그런 이미지는 완전한 허구다. 하지만 모든 효과적인 협업은 사실상 전혀 매력적이지 않은 편집 과정이다. 모든 아이디어를 채택할 수는 없다. 누군가는 신뢰를 얻어 최종 결정을 내려야 한다.

리더를 둔다는 것은 독재자가 아니라 조력자를 두는 것이다. 결정 권한을 가진 좋은 상사는 팀을 잘 조직하여 팀원 각자가 최고의 역량을 발휘하도록 돕는다.

지시 사항을 명확하게 전달하라

3장에서는 우리가 본래 더 많은 것을 선호한다는 사실을 배웠다. 개방형 문제에 직면했을 때, 우리는 목표에 도달하기 위해 본능적으로 요소를 추가한다. 실험의 예로는 레고와 유색 타일 패턴 실험, 직업 세계의 예로는 단어와 프레젠테이션 슬라이드, 웹페이지 등이 있었다.

라이디 클로츠의 책 《빼기의 기술》에 소개된 연구를 수행한 연구자들은 이 문제를 해결할 수 있는 확실한 방법을 하나 발견했다. 그 방법은 사람들에게 '빼는 것도 가능하다'라고 간단히 알려 주는 것이었다.[6] 레고 구조물을 수정하는 실험에서, 연구자들이 지시문에 "목표를 달성하기 위해 블록을 제거해도 된다"라고 한 줄을 추가하자, 실제로 그렇게 한 참여자의 비율이 20퍼센트 증가했다. 가상의 미니 골프 코스를 설계하는 비슷한 실험에서도, 빼기를 사용한 비율은 27퍼센트 올랐다. "이봐요, 덜어 내는 것도 하나의 방법이에요"라고 부드럽게 일러주는 것만으로도 사람들의 사고와 행동 방식을 완전히 바꿀 수 있다.

단순화가 하나의 방법임을 명확히 상기시키면 정신적 가용성이 높아져 그 아이디어가 더 쉽게 떠오른다. '가용성 편향Availability bias'은 어떤 아이디어나 기억, 개념에 얼마나 쉽게 접근할 수 있는지를 설명하는 용어다. 예를 들어, 이번 주말에 하이킹을 다녀왔다면, 누가 운동을 추천해 달라고 할 때 하이킹을 제안할 가능성이 커진다. 당신이 피고 측 변호인이라면, 여론조사에서 범죄가 이 도시의 큰 문제라고 답할 가능성이 더 크다. 이러한 예시에서 하이킹과 범죄는 우리 뇌에 쉽게 떠오르는 정보, 즉 더 쉽게 접근할 수 있는 정보다. 단순함이 생각 속에서 더 앞자리를 차지할수록, 단순함이라는 도구를 꺼내 당면한 문제에 적용할 가능성이 더 커진다.

사람들에게 단순화도 하나의 선택지임을 알려 주고 초점이 왜 중요한지 보여 주라. 그러면 그들은 스스로 이 길을 택할 준비가 된다. 이 선택지가 뚜렷하게 드러나기만 하면, 그다음부터는 모든 일이 훨씬 더 수월해진다.

조직 내의 정치적 역학 관계를 이해하라

잠시 '보스' 이야기로 돌아가 보자. 스프링스틴은 콘서트에서 자주 이런 단순한 지혜를 팬들과 나눈다. "모두가 이기지 않는 한 아무도 이길 수 없다."

'보스'의 말은 기업의 의사 결정보다는 정의롭고 공정한 사회를 만드는 데 더 초점이 맞춰져 있지만, 그 메시지는 여전히 유효

하다. 아이디어에 대한 동의를 얻고, 힘든 단순화 과정을 추진할 때 가장 중요한 기준은 모두가 이길 수 있도록 돕는 것이다. 그것이 바로 정치의 기본 원칙이다.

당신이 설득해야 하는 모든 이해관계자는 각기 다른 동기를 가지고 있다. 어떤 동기는 매우 타당하다. 예를 들어, 최고 경영자가 이사회에 잘 보이고 싶거나 이사회가 주가 상승을 바라는 경우처럼 말이다. 반면 어떤 동기는 조직의 공식적인 목표와 덜 직접적으로 관련된다. 예를 들어, 개발자가 앱 업데이트를 더 쉽게 하고 싶거나 관리자가 승진에 도움이 될 눈에 띄는 성과 지표를 원할 수 있다. 더 나아가 어떤 동기는 겉으로 드러난 임무와 전혀 관련이 없다. 예를 들어, 최고 마케팅 경영자^{CMO}가 다른 임원을 몹시 싫어한다거나 카피라이터가 자신만의 행운의 단어를 광고에 꼭 넣고 싶어 할 수도 있다. 변화를 이끄는 당신의 역할은 이런 다양한 상황을 이해하고, 모든 이해관계자가 당신의 노력을 이득이 된다고 여기게 할 방법을 찾는 것이다.

어떤 사람들에게는 이런 일이 다소 불쾌하게 느껴질 수도 있다. 당신은 '정치 놀음'을 좋아하지 않을지도 모른다. 그리고 그런 사람은 당신만이 아니다. 인재 채용 회사 '로버트 하프$^{Robert\ Half}$'에서 실시한 설문 조사에 따르면, 노동자의 43퍼센트가 직장 내

정치에 대해 '싸움에 아예 휘말리지 않는 것'을 선호한다고 답했다.[7] 하지만 당신이 원하든 원치 않든 정치는 늘 존재하며, 정치에 참여하든 하지 않든 그 영향에서 벗어날 수 없다. 사람들이 함께 모여 일하는 곳에는 언제나 각자의 동기와 정치가 있게 마련이다. 정치는 결국 그런 복잡한 관계를 헤쳐 나가는 과정일 뿐이다.

광고대행사 오길비Ogilvy의 부회장인 로리 서덜랜드Rory Sutherland는 전 세계의 여러 대형 고객사에 혁신적인 (때로는 엉뚱한) 아이디어를 제안하며 경력을 쌓았다. 그는 비논리적이고 직관에 반하는 개념의 마법을 다룬 자신의 책《잘 팔리는 마법은 어떻게 일어날까Alchemy》에서 대담한 아이디어를 승인받는 비결을 이렇게 설명한다. "기업이나 정부에서 의사 결정을 내리는 사람들에게 가장 중요한 것은 성공적인 결과가 아니라, 어떤 결과가 나오든 자신의 결정을 방어할 수 있는 능력임을 명심하라."[8]

큰 조직에 속한 사람들은 대부분 보호받기를 원한다. 그들은 자신의 결정을 상사, 유권자, 주주 등에게 정당화할 수 있기를 바라고 무사히 다음 날을 맞이하기를 원한다. 그들은 비판의 표적이 되는 것을 피하고 싶어 한다. 새롭고 두려운 아이디어, 즉 '덜어냄'에 초점을 둔 아이디어를 제안할 때는 이해관계자들이 그 위험을 감수할 수 있도록 심리적 불안을 줄여 주어야 한다.

이 책이나 당신의 서재에 있는 책들에 나오는 연구와 사례를 참조하라. 당신의 주장을 뒷받침할 통계를 찾고 전문가의 말을 인용하라. 자신의 자격을 강화하고 관련된 모든 이해관계자의 공감을 얻어라. 단순함은 숨을 여지가 적다는 뜻이다. 따라서 단순함에 이르려면, 그 과정에서 모두를 안심시켜야 한다. 철저히 준비하고, 사람들과 적극적으로 소통하고, 그들을 동참하게 하라.

헌신하라

당신은 리더에게 권한을 부여하고 판을 깔고 정치적 관계를 조율했다. 그 모든 일을 마치고 나면, 메시지에 초점을 맞추는 힘든 과정에서 마지막 장애물을 마주하게 될 것이다. 그것은 바로 최종 결정을 내리는 일이다. 당신은 자리에 앉아 컴퓨터 화면에 떠 있는 안건 A와 B를 바라보며 결단을 내려야 할 것이다.

당신은 잘못 선택하고 싶지 않다. 지금 막 웹사이트 첫 페이지를 업데이트하려 할 수도 있다. 이 페이지는 하루 수천 명의 방문자에게 브랜드의 중요한 첫인상을 남긴다. 아니면 대통령 선거운동을 시작하기 위해 수백만 달러짜리 수표를 발행하려는 참일 수도 있다. 위험 부담이 커서 결정이 쉽지 않다. 어느 슬로건이 옳을까? 어떤 행동 유도 문구가 효과적일까?

그것은 확실히 말하기 어렵다. 하지만 모든 상황에서 가장 나쁜 선택은 '아무것도 선택하지 않는 것'이다.

행동하지 않거나 우유부단한 태도는 세상을 혼란스럽고 복잡하게 만든다. 그런 세상에서는 모든 것이 모두를 위한 것이지만, 정작 의미 있는 것은 아무것도 없다. '실행이 왕이다.Done is king' 선택하고, 그 선택을 받아들이라. 프랑스의 철학자 볼테르Voltaire는 이렇게 말했다. "완벽한 것은 좋은 것의 적이다."9 마케팅, 기업가 정신, 그 밖에 우리가 소통하는 모든 곳에 완벽한 것은 존재하지 않는다. '좋은 것'을 선택해 실행에 옮기는 것이 출발을 두려워하며 출발선에 머무는 것보다 훨씬 낫다.

성공의 비결은 헌신에 있다. 단순하지만 평범한 아이디어에 진심 어린 노력을 기울이는 것이, 프랑켄슈타인식 아이디어에 생명을 불어넣으려는 어설픈 시도보다 더 좋은 결과를 낸다. 메리 셸리의 상상이 아닌 현실에서는, 저 끔찍한 생명체에 아무리 강한 전류가 흘러도 소용없다. 그것은 절대 깨어나지 않는다.

'두 마리 토끼를 잡으려다가 하나도 못 잡는다'는 속담처럼, 미식축구 코치들 사이에는 "쿼터백(미식축구에서 공격을 지휘하는 선수-옮긴이)이 두 명이면 없는 것과 같다"라는 말이 있다. 선택에 헌신하지 않고서는 경기에 나설 수 없다. 결단력과 명확성이 없으면 성공할 수 없다.

하지만 사람들이 싫어하면 어쩌지? 오히려 좋다. 사랑과 미움 사이의 거리는 무관심과 열정 사이의 거리보다 훨씬 더 가깝다. 그들이 당신의 제품을 싫어하고 당신의 메시지를 마음에 들어 하지 않는다면, 적어도 그들은 당신과 당신의 아이디어에 관심이 있는 것이다. 무관심을 관심으로 바꾸었다면 전투의 반 이상을 치른 셈이다.

에너지 음료 레드불은 늘 미각 테스트에서 형편없는 점수를 받았지만, 열성적인 팬층을 확보해 세계 최고의 음료 브랜드가 됐다. 에펠탑은 과거에 '반만 지어진 공장 파이프, 석재나 벽돌로 살이 붙기를 기다리는 시체, 깔때기 모양의 그릴, 구멍투성이 좌약' 등으로 불렸지만, 지금은 지구상에서 가장 많은 사람이 찾는 기념물이 됐다.[10] 당신이 헌신하면, 사람들은 결국 받아들인다.

깊이 있게 다듬은 핵심 아이디어 하나가 대충 짜깁기한 어설픈 아이디어 여럿보다 언제나 낫다. 그 하나의 아이디어에 대한 은밀한 진실을 말하자면, 그것은 좋을 필요조차 없다! 제대로 실행된 평범한 아이디어 하나가, 후속 조치도 통일성도 없는 훌륭한 아이디어들의 어지러운 조합보다 낫다. 초점이 있는 것만으로도 당신의 작업은 더 훌륭해진다.

점검 과제

- 당신은 토끼를 몇 마리나 쫓고 있는가? 당신의 메시지에 있는 '그리고'의 수를 세어 보라. '그리고'를 얼마나 줄일 수 있는가?
- 당신의 메시지가 효과적이면 누가 이득을 보는가? 현 상태를 유지하면 누가 이득을 보는가? 후자의 집단을 어떻게 전자의 집단으로 이끌 수 있을까?
- 당신의 메시지를 받는 이가 하나의 감정만 느낀다면, 그것은 어떤 감정일까?
- '더 많은 것'에 얼마나 쉽게 접근할 수 있는가? '더 적은 것'에는 얼마나 쉽게 접근할 수 있는가? 양쪽의 균형을 맞추기 위해 무엇을 할 수 있을까?

6장
돌보임:
제약이 창의력을 키운다

간결하게 다듬을 시간이 없어서
글이 평소보다 더 길어졌습니다.
― 블레즈 파스칼

'딕이 말했어요. "봐. 봐. 위를 봐. 위를, 위를, 위를 봐." 제인이 말했어요. "뛰어, 뛰어. 딕, 뛰어. 뛰어가서 봐."'

20세기 중반, 수백만 명의 학생들에게 딕과 제인 남매의 이야기는 대표적인 초급 독서 교재였다. 한때 미국 초등학교의 85퍼센트가 이 책을 교과 과정에 포함했다.[1]

하지만 사람들은 대부분 이 책을 싫어했다. 잡지 〈라이프Life〉는 이 책을 "이상화된 아이들의 반듯한 삶을 묘사하는 시시한 삽화… 비정상적으로 예의 바르고 부자연스럽게 깨끗한 소년과 소녀만 나온다"라고 비평했다. 학생과 부모와 교육자는 하나 같이 이 책이 극도로 지루하고 재미없고 심지어 편파적이라고 말했다. 결국, 이 단조로운 책은 아이들이 독서에 흥미를 갖게 한다는 본래의 목표를 달성하지 못했다.

이에 반해 결코 지루하다 할 수 없는 작품을 남긴 작가가 있다. 바로 시어도어 가이젤$^{Theodor\ Geisel}$이다. 그는 전 세계 아이들과 그를 기억하는 어른들에게 닥터 수스$^{Dr.\ Seuss}$라는 이름으로 더 잘 알려져 있다. 60권이 넘는 책이 5억 부 이상 팔렸으니, 그는 역사상 누구보다도 아이들의 상상력에 큰 영향을 끼쳤을 것이다. 그는 내가 최초로 읽은 책의 작가였고, 당신도 마찬가지일 가능성이 크다.

딕과 제인 시리즈뿐 아니라 당시의 지루한 초급 독서 교재들에 싫증이 난 출판사는 닥터 수스에게 '초등학교 1학년 아이들이 손에서 놓지 못할 만큼 재미있는 이야기'를 써 달라고 요구했다. 이 다작 작가는 그 도전을 받아들였다. 그리고 한발 더 나아가, 어린 독자들에게 중요한 단어 200여 개로 어휘를 제한하기로 했다.[2]

그것은 쉽지 않은 일이었다. 수스는 1년 반 동안 온 힘을 다해 작업했다. 마침내 그는 혼돈, 권위, 장난을 담은 상징적 이야기를 단 236개의 각기 다른 단어로 완성했다.[3] 딕과 제인의 세련되고 꿈 같은 교외 주택에서 완전히 벗어난 이야기 《모자 쓴 고양이 The Cat in the Hat》는 출간 즉시 폭발적인 사랑을 받았다.

이 책을 출간하고 얼마 뒤, 수스는 더 큰 도전에 나섰다. 출판 업자는 이전 목록에 들어 있는 단어 50개만 사용해 책을 쓸 수는 없을 거라며 50달러를 걸었다. 그것은 잘못된 내기였다. 1년간의 고된 작업 끝에 1960년, 수스는 전작 못지않게 기발한 《초록 달걀과 햄 Green Eggs and Ham》을 출간했다. 정확히 50개의 단어로 완성된 이 책은 그의 최고 인기작이 됐다.

작업에 제약을 두는 방식으로, 수스는 그의 오랜 경력에서 가장 성공적인 두 권의 책을 완성할 수 있었고, 이를 통해 여러 세대에 걸쳐 어린이들의 상상력에 영감을 불어넣었다. 그는 남들과 완전히 다른 방식으로 창작하여 독창적이고 누구도 무시할 수 없는 작품을 만들었다.

삶의 막바지에 이르렀을 즈음, 수스는 이 성공을 돌아보며 자랑스럽게 말했다. "내가 이룬 일 중 가장 기쁜 일은 딕과 제인을 몰아낸 것입니다."[4] 창의력을 자극하는 제약의 힘을 받아들이면, 우리도 늘 똑같은 틀에서 벗어나 누구도 무시할 수 없는 방식으로 메시지를 전달할 수 있다.

✦ 돋보임이 중요한 이유

단순한 메시지는 돋보인다. 다시 말해, 눈에 띈다. 돋보이는 것은 튀어나오거나 올라서거나 뛰어오르는 등 주변과 뚜렷이 대비된다. 그래서 주의를 사로잡는다.

우리가 주변 세상을 인지하는 방식은 주로 돋보이는 것에 따라 결정된다. 그리고 돋보이는 것은 메시지나 대상 자체가 아니라 주변 환경과의 차이에 따라 결정된다. 우리는 주변 세상을 보고 듣고 이해하기 위해 배경과 대상을 구별해야 한다.

교실에 앉아 있는데 갑자기 미러볼이 켜진다면, 당신은 즉시 알아차릴 것이다. 하지만 나이트클럽에 있다면 미러볼이 돌아가도 별로 신경 쓰지 않을 것이다. 반대로 나이트클럽에서 누군가가 책 읽는 것을 본다면, 같은 장면을 학교에서 볼 때보다 훨씬 빨리 알아차릴 것이다. 해변에서 파카를 입으면 수상해 보이고, 스키장에서는 수영복 차림이 이상해 보인다. 사업 제안서에 속어를 쓰는 것은, 데이트 앱 프로필에 파워포인트 슬라이드를 올리는 것만큼이나 신선하고 눈길을 끈다.

그림 6.1에서 볼 수 있듯이, 우리는 남들과 다른 것을 알아차리고 자주 그것을 선택한다. 지난 10년간, 진부한 동기부여와 비즈

그림 6.1 빨리. 이 중에서 어떤 물고기가 다른지 찾을 수 있는가?

니스 전문용어로 가득한 서가에서 눈에 띄는 제목을 내세운 책들이 베스트셀러 목록을 휩쓸었다. 마크 맨슨의 《신경 끄기의 기술 The Subtle Art of Not Giving a F*ck》, 젠 신체로의 《사는 게 귀찮다고 죽을 수는 없잖아요 You Are a Badass》, 개리 비숍의 《시작의 기술 Unfu*k Yourself》 등이 그 예다. 욕설을 사용한 제목들은 참신하고 눈에 띄었고 그 덕분에 독자들의 호기심을 자극해 제일 먼저 관심을 사로잡았다. 2022년, 암호화폐 플랫폼 코인베이스 Coinbase 는 놀라울 만큼 단순한 슈퍼볼 Super Bowl (미국 프로 미식축구 리그 챔피언 결정전-옮긴이) 광고를 내보냈다. 화면에서 천천히 움직이는 코인베이스의 QR코드는 화려한 볼거리 속에서 단연 돋보였다. 너무 많은 시청자가 스캔하는 바람에 앱이 즉시 다운됐다. (하지만 2023년의 챔피언십 중계에서 다른 광고들이 모두 같은 전술을 쓰고, 수천 권의 책이 제목에 욕설을 사용하자, 이런 대조적인 현저성 효과는 사라져 버렸다.)

돋보일 수 있는 가장 좋은 방법은 남들이 하지 않는 일을 하는 것이다. 그리고 남들과 다른 일을 하려면, 그들이 따르지 않는 규칙을 따라야 한다. 이것이 바로 제약이 가진 놀라운 창의적 힘이다.

대조를 선호하는 우리의 성향

때로는 주변에 섞이는 것이 유리하다. 주변에 섞이는 것은 온갖 생물이 굶주린 포식자에게 잡아먹히는 것을 피하게 해 준다. 군인과 첩보원은 직업 특성상 주변에 자연스럽게 섞여야 한다. 주변에 섞여 있으면 스탠드업 코미디 공연에서 지목받는 것도 피할 수 있다.

하지만 우리가 의사소통에서 원하는 것은 그게 아니다. 우리의 광고, 구호, 안전 경고가 소음과 군중 속에서 돋보이기를 원한다. 들리고 보이고 이해받는 것, 즉 보내는 이의 메시지가 받는 이에게 전달되는 것이 핵심이다. 이는 단조로움을 뛰어넘어 대조를 만들어 낼 때만 가능하다.

이제는 일상이 된 바쁜 환경에서 우리는 다른 것을 특히 쉽게 알아차린다. 주변에 비해 더 크거나 작은 물체, 더 시끄럽거나 조용한 소리, 더 밝거나 어두운 물체는 우리의 눈과 정신을 사로잡는다. 과학자들은 사진을 변형한 뒤 특수 카메라로 그 사진을 바라보는 참여자의 눈 움직임을 추적하거나, 비슷한 목소리들을 동시에 들려주고 그중 하나를 식별하도록 하는 실험을 진행했다. 실험 결과는 모두 일상 경험을 통해 예상할 수 있는 바대로 나타났다.[5] 대조와 인지는 직접적이고 긍정적인 상관관계를 보인다.

게다가 우리는 대비가 더 뚜렷한 물체와 세부 사항에 본능적으로 이끌린다. **그림 6.2**처럼 눈을 찡그리고 봐야 할 때보다 선명하게 드러나는 대상을 인지하는 데 뇌에 힘이 덜 든다. 그리고 이런 명확한 인지는 무의식 중에 다양한 긍정적 감정으로 이어진

그림 6.2 우리는 본능적으로 더 뚜렷한 대비를 선호한다.

다. 우리는 더 선명하게 대조되는 이미지를 더 아름답다고 판단하는 경향이 있으며, 흐릿하고 알아보기 힘든 글씨로 설명된 제품을 살 가능성이 더 작다.[6] 돋보임은 메시지를 효과적으로 만드는 데 중요한 역할을 한다.

대조를 방해하는 것

빈 캔버스나 조용히 깜빡이는 커서를 응시해 본 사람이라면, 그 광대함이 자유를 나타내는 것이 아니라 오히려 무한이라는 압도적 무게를 내포하고 있음을 알 것이다. 영화감독 오슨 웰스Orson Welles는 "예술의 적은 한계의 부재다"라고 말했다.[7]

한계가 없을 때 우리는 익숙한 틀에 갇힌다. 과거에 했던 것과 비슷하게 들리는 광고 문구를 쓰거나, 매주 반복해 온 진부한 설교를 만들 수 있다. 심리학자 로버트 치알디니Robert Cialdini는 이것을 '클릭, 휘어 현상click, whirr phenomenon'이라고 부른다. 이는 우리가 특정 상황에 맞닥뜨리면 그와 관련된 기억 '테이프'를 골라 재생 버튼을 누른 뒤 익숙한 대본을 따라 아무 생각 없이 자동으로 반응하는 것을 뜻한다.[8]

하지만 긍정적인 한계는 기존 체계에 충격을 준다. 한계는 벽을 세워 일상적인 방식을 차단하고 당신을 낯선 길로 몰아넣을 수 있다. 이 우회로는 낯선 동네의 샛길일 수도 있다. 아니면 당신은 아예 새로운 길을 개척할 수도 있다. 어떤 경우든 일상은 단조롭고 흐릿한 배경일 뿐이라서 우리에게 별 도움이 되지 않지만, 새로운 길은 다르고 혁신적이며 때로는 탁월한 아이디어로 우리를 이끌 수 있다. 남들이 가지 않은 길을 선택하라.

제약을 추가하면 또 다른 이점이 있다. 남들이 하지 않는 방식으로 자신을 제약하면, 남들이 할 수 없는 일을 할 수 있다. 야구 선수들이 몸을 풀 때 배트에 '도넛' 모양의 추를 달아 연습하면 타석에서 더 빠르게 배트를 휘두를 수 있다. 미식축구 선수들이 낙하산을 매달고 달리기를 연습하면 경기 중 수비수에게 쫓길 때 더 빨리 달릴 수 있다. 저항력은 우리를 더 강하게 한다. 제약은 우리의 창의력을 키운다.

유한한 세계

마지막으로, 우리에게 주어진 궁극의 한계는 바로 삶 그 자체다. 라틴어 "메멘토 모리 memento mori (죽음을 기억하라)"는 스토아학파의 개념으로 우리에게 경각심을 일깨워 준다. 우리 시대의 가장 위대한 예술가, 가장 강력한 통치자, 가장 영향력 있는 인물도 모두 죽음을 피할 수 없다. 우리의 시간은 유한하다. 그렇기에 의

미가 있는 것이다. 모든 것은 덧없이 사라진다.

유한한 삶이라는 틀 안에서 모든 것이 분명해진다. 무한한 시간과 무한한 주의력은 존재하지 않는다. 우리는 많은 것을 놓칠 것이다. 읽고 싶은 책을 다 읽지 못하고, 보고 싶은 영화를 다 보지 못하고, 가고 싶은 곳을 다 가지 못한 채 이 세상을 떠날 것이다. 단순함은 이 진실을 존중한다.

이 유한성은 우리의 모든 행동에 영향을 미친다. 앞서 단순함을 논의할 때 언급한 글자 수, 실행 시간, 광고 치수와 같은 사소한 제약도 여기에 포함된다. 우리에게는 말하고 싶은 것을 모두 전할 여유나 시간이 없다. 따라서 무엇이 효과적인지 선택해야 한다. 무엇을 돋보이게 만들지 결정해야 한다. 정의상, 답은 모든 것이 될 수 없다.

현실적인 제약이든 스스로 만든 제약이든 이를 수용하면, 우리는 가능성의 기술을 연마할 수 있고 불가능해 보이는 일도 가능하게 만들 수 있다. 무한한 시간, 무한한 자원, 무한한 기회라는 환상을 버리고, 작업의 중요성과 그에 따른 결과를 신중히 고려해서 기존과 전혀 다른 아이디어와 메시지를 만들어야 한다.

✦ 돋보이는 메시지 만들기

제약의 힘을 활용해 더 돋보이는 메시지를 만드는 데 도움이 되는 3가지 영역, 공간과 시간과 선택권을 살펴보자. 이들 각 영역은 작업에 적절한 압박을 가해 단조로움에서 벗어나게 한다.

공간을 제한하라

간결함으로 유명한 작가 어니스트 헤밍웨이 Ernest Hemingway에 관한 (사실이 아닐 수도 있는) 전설이 하나 있다. 그는 동료 작가들과 점심을 먹다가, 단 한 문장으로 마음을 울리는 이야기를 써 보라는 도전을 받았다. 그는 "신은 적 없는 아기 신발 팝니다 For sale, baby shoes, never worn"라는 문장으로 손쉽게 내기에서 이겼다.

헤밍웨이가 이 짧고 슬픈 이야기를 실제로 쓰지 않았을 수도 있지만, 많은 이가 이 글을 제한된 글쓰기의 가장 뛰어난 본보기로 꼽는다. 단 여섯 단어로 이뤄진 이 이야기는 여러 등장인물과 시작, 중간, 끝, 그리고 그로 인해 펼쳐지는 풍부한 감정의 세계를 담고 있다. 60개, 600개, 6,000개의 단어로 쓰였다면 이 이야기는 결코 같은 힘을 지니지 못했을 것이다. 간결함 속에 명료함이 있다.

돋보이는 메시지와 돋보이지 않는 메시지의 예

"담배가 하루에 1,200명을
죽인다. 하루 쉴 생각은 없는가?"
— 트루스

"생각해 보세요.
담배는 피우지 마세요."
— 필립 모리스

"여기에 주차할 생각조차
하지 마시오."
— 뉴욕시 교통국

"주차 금지 월요일-금요일
오전 8시-오후 7시"
— 뉴욕시 교통국

"바보야, 문제는 경제야."
— 빌 클린턴

"강을 건너는 도중에
팀을 바꾸지 마라."
— 조지 H. W. 부시

2,000년 전에 쓰였으며 오늘날까지도 인용되는 고대 로마의 책 《Rhetorica ad Herennium(헤렌니우스에게 바치는 수사학)》에서는 간결한 문장으로 더 큰 의미를 전달하는 방식, 즉 '최소한의 필수 단어로 표현하는 것'을 브레비타^{brevitas}라고 부른다.[9]

공간의 제약은 감옥이 아니라 틀이다. 이는 우리가 무엇을 선택하고 버릴지 결정하도록 이끄는 동력이다. 그리고 우리가 결정을 내릴 때, 그 의도의 아름다움과 가치를 드러낸다.

하지만 모든 공간의 제약이 소설이나 인생 조언처럼 고상하지는 않다. 유감스럽게도 현재 부정적 분위기의 집합소로 악명 높은 '트위터(현재 X)'는 한때 소셜 미디어 시대에 간결함(브레비타)의 가치를 구현하는 상징이었다. 트위터는 첫 10년 동안 트윗을 140자로 제한했는데, 이는 문자메시지 시스템의 연장선에서 발생한 기술적 제약 때문이었다.

그 140자 제약에서 완전히 새로운 의사소통 문화가 탄생했다. 사용자들은 불필요한 형용사와 관사를 생략하고, 모음을 제거해 단어를 축약하고, 사실과 반응을 짧고 강렬한 문장으로 쏟아 냈다. 흥미로운 점은, 이런 제약 속에서 오늘날 우리가 사용하는 핵심 온라인 소통 도구들을 사용자들이 자발적으로 만들었다는 것이다. 관련 콘텐츠를 정리하는 해시태그(#), 다른 계정을 언급하는 '@사용자' 이름 방식, 타인의 게시물을 인용하는 리트윗 기능 등이 이에 포함된다. 2017년에 트위터는 게시물 길이를 280자로 두 배 늘렸다. 사용자들은 처음에는 반발했지만, 결국 이 조치를 메시지에 더 적합한 제한으로 받아들이며 적응했다. 하지만 현재 트위터가 글자 수를 수천 자로 늘리는 것을 포함해 전반적인 변화를 시도하면서 그런 창의적 제약의 마법은 사라졌다.

글자 수, 단어 수, 인치, 픽셀 등을 제한하면, 우리는 이를 최대한 활용할 창의적이고 효과적인 방법을 찾아낸다. 이것이 바로 하이쿠(일본의 5-7-5음절 시-옮긴이), 소네트(유럽의 14행시-옮긴이), 리머릭(아일랜드 리머릭 지역의 유머러스한 5행시-옮긴이)의 본질이다. 정해진 틀 안에 있으면 우리는 형식의 부담을 덜고 모든 정신력을 내용에 쏟을 수 있다.

시간을 제한하라

20세기 해군 역사학자가 고안한 익살스러운 격언, 파킨슨의 법칙 Parkinson's law 은 다음과 같다. "작업은 주어진 시간을 채우기 위해 늘어나는 경향이 있다." 어떤 일에 더 많은 시간을 할당할수록 그 작업은 더 오래 걸린다. 이상하게도 마법처럼, 1시간으로 예정된 회의는 항상 1시간을 채운다. 문제가 15분 만에 해결됐는데도 말이다. 할당 시간을 줄이면 소중하고 유한한 자원을 절약할 뿐 아니라 최상의 성과도 낼 수 있다.

하지만 이 제안에는 주의가 필요하다. 너무 많아도, 너무 적어도 안 된다. **그림 6.3**에서 볼 수 있듯이 창의적 압박 속에는 최고의 성과를 내는 최적의 구간이 있다. 그 마법은 적당한 압박에 있다.

일상에서 흔히 볼 수 있는 예를 들어 보자. 마감일이 한참 먼 프로젝트를 맡으면, 우리는 그 일을 현재의 내가 아니라 미래의 내가 해결할 문제라고 여긴다. 지금 그 일을 해야 할 필요가 없으므로 그냥 미뤄 버린다. 아니면 일단 시작해 초안을 만들고는 지

그림 6.3 창의력과 생산성의 비결은 적당한 압박이다.

나치게 고민한다. '아이디어가 너무 엉뚱한가? 조사를 더 해야 할지도 몰라. 다시 수정해야겠어.' 밧줄이 충분하면, 그 밧줄로 자기 목을 매는 꼴이 되기 쉽다.

그러다 정반대의 위험에 빠지기도 한다. '젠장, 고객사에서 1시간 안에 프레젠테이션을 요청했어. 새로 만들 시간이 없어. 아이디어를 낼 시간도 없고. 그냥 복사해서 붙여 넣거나 템플릿을 쓰는 수밖에.' 해야 할 일은 있는데 시간이나 자원이 부족하면, 우리는 생존 모드에 들어간다. 이런 상황에서는 창의적 탁월함을 발휘할 여유가 전혀 없다.

우리는 질적인 문제뿐만 아니라 양적인 문제에도 직면한다. 연구자들이 아이디어 생성 속도를 분석해 보니 모두 **그림 6.4**에

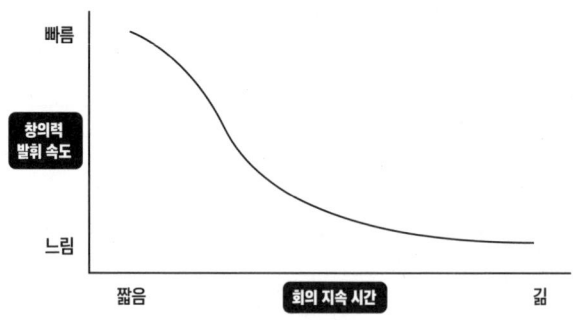

그림 6.4 창의력이 샘솟을 때 그 에너지를 모아 활용하고, 다시 돌아와 새로 시작하라.

나타난 것과 같은 패턴을 발견했다.[10] 우리는 시작부터 엄청난 창의력을 발휘하며 열정적으로 출발한다. 화이트보드가 금세 가득 찬다. 포스트잇 메모가 여기저기 날아다닌다. 대화가 서로 겹치며 아이디어가 쌓인다. 이렇게 억눌려 있던 아이디어가 한 번에 터지고 나면, 우리의 창의력은 급격히 무뎌진다. 약 5분쯤 지나면 우리는 거의 한계에 다다른다. 아이디어가 완전히 고갈되지는 않지만, 작업은 점점 더 힘들어진다. 이런 경우에는 그 에너지를 다른 일에 쓰는 것이 더 나을지도 모른다.

 흐름을 거슬러 길고 지루한 회의를 계속할 수도 있다. 아니면 창의력을 발휘한 후, 다음 일로 넘어갈 수도 있다. 만족스럽지 않다면, 정신적 에너지가 다시 채워졌을 때 돌아오면 된다.

투입 시간이 길어질수록 효율이 떨어진다면, 결과물이 장황해지는 것은 그보다 열 배 더 비효율적이다.

예배당은 대체로 간결함과 거리가 멀다. 어렸을 때, 나는 로시 하샤나 Rosh Hashanah(유대교의 새해-옮긴이)와 욤 키푸르 Yom Kippur(유대교의 속죄일-옮긴이) 때 4시간 동안 이어지는 예배를 피하려고 온갖 짓을 다 했었다(어른이 된 지금도 아내 가족과 함께 가톨릭 성당에서 부활절 미사를 드릴 때면 끝없이 이어지는 예식에 똑같이 질려 버린다. 내 푸념은 종파를 가리지 않는다). 종교에 상관없이, 이런 모임에서는 내면을 성찰하기보다 멍하니 딴생각에 빠진 사람이 훨씬 많을 것이다. 하지만 2018년, 하필 프란치스코 교황이 모두가 속으로만 생각하던 것을 대놓고 말했다. "설교 중에 잠들거나 자기들끼리 수다를 떨거나 밖에 나가 담배를 피우는 사람들을 얼마나 자주 봤습니까?"[11]

그는 길고 산만한 설교가 결국 이기적인 행위임을 꿰뚫어 보았다. 그는 설교자들이 청중도, 실천해야 할 믿음도 아닌, 설교자 자신만을 우선시한다고 지적하며, '자신이 하고 싶은 말을 하는 게 아니라 설교하고 있다는 점을 명심해야' 한다고 말했다. 그의 해결책은 단순했다. "제발, 짧게… 10분을 넘기지 마십시오!" 그의 말투는 현대적이지만, 그 생각 자체는 새로운 게 아니다.

500년 전, 또 다른 종교 지도자 마틴 루서 킹도 같은 생각을 했었다. "다시 기회가 주어진다면, 설교를 훨씬 더 짧게 할 겁니다. 설교가 너무 장황했다는 것을 깨달았거든요."

우리의 시간은 한정되어 있고, 그 안에서 쏟을 수 있는 주의력은 더 한정되어 있다. 메시지를 보내는 이가 받는 이의 시간을 존중하지 않으면, 받는 이도 그 메시지를 존중하지 않을 것이다.

선택권을 제한하라

스트리밍 시대가 도래해 프로그램들이 방송 편성의 족쇄에서 벗어나기 전까지, 텔레비전 방송 시즌은 보통 시즌당 20편 이상으로 구성됐다. 채워야 하는 시간이 있으니, 그 시간을 채울 콘텐츠가 필요했다. 하지만 제작사들은 여전히 한정된 예산이라는 제약 속에서 일해야 했다.

예산을 초과하지 않고 방송 편성을 채우기 위해, 프로그램 책임자들은 '병 에피소드 bottle episode'로 알려진 형식을 자주 활용했다. 이 에피소드들은 병에 담긴 배 안에서 일어나는 듯한 느낌을 주며, 최소한의 출연진과 세트만 활용해 가능한 한 적은 비용으로 제작되도록 고안됐다. 기본적으로 제작팀이 이미 갖춘 장비나 세트만으로도 제작이 가능하다. 등장인물들이 사무실에 갇히거나, 엘리베이터에 갇히거나, 저녁 파티에 몰두하는 식의 설정이 사용된다.

이런 제약 속에서 절약해 제작한 에피소드들은 흔히 시리즈에서 가장 기억에 남는 에피소드로 남는다. 대표적인 예로, 시트콤 〈사인필드 Seinfeld〉의 '중국 레스토랑' 편에서는 등장인물들이 테이블을 기다리며 점점 좌절에 빠진다. 드라마 〈매드맨 Mad Men〉의 '서류 가방' 편에서는 동료 페기와 돈이 밤새 사무실에서 고군분투하며 직업적, 정서적 돌파구를 찾아낸다. 작가들은 이야기의 폭을 넓히기보다 깊이를 추구하고, 비싼 세트와 특별 출연진을 배제하여 전례 없는 창의력과 탁월함을 끌어냈다.

이제 우리는 기술적 제약이 거의 사라진 시대에 산다. 그럼에도 불구하고, 창의적인 이들이 제약을 딛고 탁월한 성과를 이뤄낸 가장 인상적인 사례는 오히려 컴퓨터 혁명 초기에 등장했다. 기술은 기하급수적으로 발전하고 있으며, 당신은 아마 틀림없이 이 책을 사거나 읽는 과정에서 어느 순간, 불과 수십 년 전 슈퍼컴퓨터보다 훨씬 더 강력한 컴퓨터를 사용했을 것이다.

최초의 〈슈퍼 마리오 브라더스〉 게임은 매우 제한된 메모리 탓에 개발자들이 구름과 덤불에 같은 이미지를 사용해야 했다. 하지만 이 그래픽 스타일은 매우 상징적이 되어서 40년 가까이 지난 지금도 그 디자인의 상품을 살 수 있을 정도다. 몇 년 후에 출시된 슈퍼 닌텐도 게임기의 사운드 칩은 메모리가 64킬로바이트에 불과했다. 이는 오늘날 우리가 스트리밍하는 MP3 파일보다 100배나 작은 용량이다.[12] 하지만 이런 심한 제약 속에서 창의적 대안으로 만들어진 초기 비디오게임 음악은 이제 전 세계 교향악단과 오케스트라가 연주할 만큼 큰 사랑을 받고 있다.

오늘날 메시지나 소셜 미디어에서 사용하는, 춤추고 통통 튀는 지프GIF(움직이는 이미지 파일-옮긴이)는 초기 이메일 제공 업체의 엄격한 용량 제한 속에서 프로그래머들이 제한을 극복하며 이미지를 구현한 결과물이다.[13]

초기 프로그래머들은 처리 능력과 메모리의 한계 때문에 1980년대의 상징인 맥가이버처럼 생각해야 했다. 그는 종이 클립과 강력 테이프만 가지고도 늘 위기에서 탈출할 수 있었다. 이러한 제약 때문에 프로그래머들은 필수적인 것과 생략할 수 있는 것을 신중히 판단해야 했다. 오늘날의 기술은 무한에 훨씬 가까워져서 코드 한 줄을 최대한 활용해야 한다는 창의적 압박은 그 광대함 속으로 사라졌다.

최고의 그래픽 디자이너는 흑백으로 작업을 시작하고, 최고의 인터페이스 디자이너는 제약 조건을 반영하기 위해 간단한 화면 스케치부터 시작한다. 아이디어가 좋고 메시지가 명확하다면, 가장 단순하고 절제된 환경에서도 여전히 효과를 발휘할 것이기 때문이다. 핵심 아이디어 주변의 모든 부수적 요소는 겉치레일 뿐이다.

하지만 그러한 제약과 정반대의 상황도 생각해 보자. 더 많은 선택지를 만들어야 한다는 압박이 오히려 새로운 제약이 될 수도 있다. 이번에는 반대로 해 보자. 100개의 슬로건을 적고, 100개의 현수막을 디자인하고, 책 제목을 100개 만들라. 창의력이 다했다 싶은 순간을 훌쩍 넘어가 보라. 이처럼 많은 양을 만들어야 한다는 제약은 쉬운 방법을 사용할 여지를 없앤다. 처음 몇 개의 항목에서 손쉬운 방법을 모두 써 버렸기 때문에, 이제는 억지로라도 창의적인 미지의 세계로 들어가야 한다. 새롭고 이상하고 독특한 것은 일상의 경계를 넘어선 저 너머에 있다. (**그림 6.5** 참조)

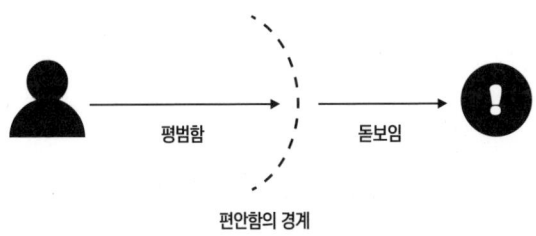

그림 6.5 돋보임은 흔히 평범함이 주는 편안함의 경계 너머에 존재한다.

우리는 새로운 도구, 큰 예산, 화려한 장치 등에 이끌려 복잡하고 구불구불한 길로 빠져들기 쉽다. 하지만 그런 길은 더 많아야 한다는 논리에 기대어 당신을 핵심 메시지에서 점점 더 멀어지게 한다. 스스로 제약을 두고 남들과 다른 방식으로 시도하면, 비슷비슷한 메시지들 속에서 단연 돋보이는 메시지를 만들 수 있다.

점검 과제

- 소프트웨어, 특유의 문구, 회의 형식 등 당신이 가장 애용하는 생산성 도구는 무엇인가? 그 도구 없이도 무언가를 창작할 수 있는가?
- 당신의 활동 영역을 둘러보라. 주변 사람들이 특정 언어, 스타일, 관습을 따르는가? 그런 경향을 거스르는 메시지를 만들 수 있는가? 어떻게 차별화할 것인가?
- 당신의 아이디어를 한 페이지로 설명할 수 있는가? 한 단락, 한 문장, 한 단어로는?
- 타이머를 1분으로 설정하라. 경고음이 울리기 전에 메시지를 얼마나 다양한 방식으로 전달할 수 있는가?
- 엉뚱한 시도를 해 보라. 운율을 맞춰야 한다면? 철자 E를 사용하지 못한다면? 그림만으로 표현해야 한다면? 한 음절 단어만 쓸 수 있다면? 〈스타워즈〉의 요다처럼 말해야 한다면?

7장
공감:
지혜로운 바보를 환영하라

이건 다섯 살짜리 아이도 이해할 수 있어.
사람을 보내 다섯 살짜리 아이를 데려와 보라고.
— 그라우초 막스

장 뤽 피카드 선장은 힘든 임무를 맡았다. 내가 좋아하는 프로그램인 〈스타트렉: 더 넥스트 제너레이션〉에서 피카드와 승무원들은 우주선 엔터프라이즈호를 타고 은하계를 질주하며 외계인을 만나고 위기를 해결한다. 이 드라마는 매주 황금 시간대에 방송된다.

인기 있는 에피소드인 '다목Darmok'에서, 주인공들은 의사소통이 안 되기로 악명 높은 까다로운 종족 타마리안의 우주선과 마주친다. 영화 속 범용 번역기조차 통하지 않아 이 도마뱀처럼 생긴 생명체들이 엔터프라이즈호 승무원들과 통신할 때마다 양측은 전혀 소통하지 못한 채 답답해하며 자리를 뜬다. 긴장이 고조되고 보호막이 올라가고 문제가 생기기 시작한다.

에피소드 후반에 밝혀지듯, 타마리안의 언어는 전적으로 우화에 기반을 둔다. 그들의 언어는 오직 내부자만 이해하는 암호와 같다. 상대편 선장은 "타나그라에서 다목과 잘라드"라는 말을 통해, 전사들이 공통의 적에 맞서 힘을 합친다는 그들의 문화 속 이야기를 언급한다. "템바가 팔을 활짝 벌렸다"라는 말은 관대함을 의미하는 은유이고, "샤카, 벽이 무너졌네"라는 말은 실패와 패배를 뜻한다. 그들이 하는 모든 말은 그들만의 문화적, 역사적 정전正典을 참조한 것이다. 마침내 결정적 순간에 이 패턴을 해독한 피카드와 그의 승무원들은 "우루크에서 길가메시와 엔키두", "발코니에 있는 줄리엣" 같은 지구의 이야기를 전해 가까스로 재앙을 피한다.

이 에피소드는 뛰어난 텔레비전 드라마일 뿐 아니라, 21세기에 우리가 현실에서 겪는 많은 의사소통 문제를 보여 준다. 배타적인 집단은 그들만이 참조하고 가정할 수 있는 언어를 개발하기 때문에 외부인은 마법 번역기가 있어도 그 뜻을 제대로 이해하기 어렵다. 기업 회의에 참석해 본 사람이라면, 회의가 온갖 두문자어와 전문용어로 뒤섞여 있다는 사실을 잘 알 것이다. 내부자 언어는 집단이 일하고 소통하는 데 도움을 주지만(대화에서 '핵심성과 지표 Key Performance Indicator'를 14번 말하는 것보다 'KPI'라고 하는 것이 훨씬 더 빠르다), 집단 밖에 있는 사람들과 소통해야 할 때는 이런 언어가 전혀 통하지 않는다.

보내는 이와 받는 이가 언어, 가치, 경험에 공통된 기반을 두고 서로 이해할 수 있어야 효과적인 의사소통이 이뤄진다. 이런 수준의 유대감은 상대방과 진심으로 공감하려고 노력할 때만 형성될 수 있다.

✦ 공감이 중요한 이유

공감의 힘을 활용하고 우리가 '지혜로운 바보 Enlightened Idiot'라고 부를 인물을 환영한다면, 허구 속 페이저빔(〈스타트렉〉에 나오는 가상의 무기-옮긴이)이나 실생활 속 성가신 텔레마케팅 같은 난감한 상황을 피할 수 있다.

지혜로운 바보는 누구일까? 그것은 특정한 개인이나 집단을 가리키는 말이 아니다. 자기만의 세계 밖으로 나서는 순간, 우리는 모두 지혜로운 바보가 된다.

'바보 idiot'라는 단어가 부정적으로 들릴 수 있다. 오늘날에는 흔히 모욕으로 쓰이지만, 여기서는 애정 어린 마음으로 사용할 것이다. 고대 그리스어 기원을 돌아보면, 이 단어는 지능이 낮은 사람이 아니라 '평범한 사람'을 의미했다. '지혜로운 enlightened'은 잘못된 정보와 편견에서 벗어난 상태로 정의된다. 따라서 지혜로운 바보는 우리가 추구해야 할 이상적인 모습이다.

지혜로운 바보는 다른 모든 이를 대표하는 존재다. 그들은 당신 주변에 없고 당신의 머릿속에도 없다. 그들은 당신이 말하는 것에 대해 잘 모르는 사람이며, 솔직히 당신만큼 관심도 없을 것이다. 그들은 바쁘고 무심한 상사와 순수하고 무지한 유치원생의 모습을 담고 있다. 다시 말해, 그들은 당신의 청중이다.

우리는 모두 때로는 전문가가 되기도 하고, 때로는 지혜로운 바보가 되기도 한다. 당신이 유전체학의 최근 연구 성과를 발표하려고 테드 TED 강연을 준비 중인 훌륭한 과학자라면, 회계 부서의 잭을 예행연습에 초대해 그가 내용을 이해하는지 확인하는 것이 도움될 것이다. 당신이 대학교수들의 지출 보고서 작성 방식에 대한 웹 세미나를 계획 중인 뛰어난 공인회계사라면, 과학자 질을 초청해 예행연습을 검토받고 그 의견을 듣는 것이 숫자 중심으로 사고하는 다른 동료 회계사의 피드백보다 훨씬 통찰력 있을 것이다. 둘 다 고등 학위를 가졌다는 사실은 문제되지 않는다. 여기서의 과학자와 공인회계사는 모두 지혜로운 바보일 수 있다.

외부인들은 우리의 선입견을 드러내고 신선한 아이디어를 가져와 우리가 갇혀 있는 무지의 틀을 깨뜨린다. 그들은 우리가 보지 못한 것을 보고 우리가 알지 못한 것을 안다. 그들의 소중한 관점은 우리에게 깨우침을 준다.

당신은 청중이 아니다

받아들이기 힘들겠지만, 당신은 청중이 아니다. 당신의 삶은 그들의 삶과 다르고, 당신이 원하는 것은 그들이 원하는 것과 다르다. 당신은 그들이 갖지 못한 지식과 경험과 가치를 지녔으며, 반대의 경우도 마찬가지다.

페이스북과 링크드인 같은 소셜 미디어 플랫폼들은 10년이 조금 넘는 시간 동안 인류 역사상 전례 없던 일을 해 냈다. 이제 모든 사람은 어디에 있든 서로 연결되어 있다. 디지털 마을 광장은 지구 전체로 확장됐고, 그 안에서 다양한 아이디어 시장이 활발히 교류하며 성장하고 있다.

하지만 잠깐. 점점 더 많은 연구에서 드러나듯, 우리는 세계적 논쟁에 참여하는 대신 자신만의 에코 챔버echo chamber(같은 의견이나 신념을 가진 사람들끼리만 소통하면서 다른 관점은 배제하거나 무시하는 현상-옮긴이)를 만들었다.

2015년에 페이스북의 친구 관계를 조사한 연구에 따르면, 평균적으로 진보 성향 사용자의 친구 중 20퍼센트만이 보수 성향이고, 보수 성향 사용자의 친구 중 18퍼센트만이 진보 성향인 것으로 나타났다.[1] 틱톡이 알고리즘 기반의 '추천For You' 기능을 대중화하면서, 이러한 고립은 더 심해졌다. 다른 연구에서는 우리가 이런 소셜 미디어의 에코 챔버를 더 많이 사용할수록, 다른 사람들이 우리의 정치적 견해뿐 아니라 개성과 사회적 동기까지 공유한다고 잘못 믿을 가능성이 더 큰 것으로 나타났다.[2] 이론적으로 모든 이에게 접근하는 것이 가능하다 해도, 우리는 우리의 경험, 태도, 능력이 보편적이지 않다는 사실을 받아들이는 데 어려워한다.

심리학자들은 이러한 예시를 '거짓 동의 효과false-consensus effect'라고 부른다. 간단히 말해, 우리는 다른 사람들도 우리와 같은 생각과 성향을 지녔으며, 우리가 대체로 인기 있고 옳고 정상적인 기준을 대표한다고 생각한다. 하지만 실제로는 대부분 그렇지 않다.

1977년 리 로스Lee Ross, 데이비드 그린David Greene, 파멜라 하우스Pamela House는 일련의 기초 연구를 통해 이 개념을 처음 정의했다. 각각의 연구에서 우리가 다른 사람의 생각과 행동을 직관적으로 추측하는 데 상당히 서툴다는 사실이 드러났다.[3] 참여자들은 속도위반 딱지에 항의하거나, 지역 슈퍼마켓 광고 촬영에 동의하거나, 수업 과제 유형을 선택하는 등의 상황에서 더 많은 사람이 자신의 선택을 지지할 것으로 믿는 경향을 보였다. 또 다른 연구에서, 참여자들은 다른 참여자들이 자신과 같은 빵 종류나 외국 영화를 선호하거나, 같은 잡지를 구독하거나, 심지어 외계인과 접촉할 확률에 대한 자신의 의견에 동의할 가능성이 실제보다 더 크다고 믿었다.[4]

잘못된 가정에 빠지기 쉬운 우리의 성향을 보여 주는 최근 사례에서, 연구자들은 실험 참여자들에게 '합리적인 사람이라면 잠금 해제된 휴대전화를 실험자에게 넘겨줄 것인지' 물었다. 그 결과 28퍼센트만이 넘겨줄 것이라고 답했다.[5] 우리는 대부분 그것을 말도 안 되는 행동으로 여길 것이다. 금융 정보, 메시지, 사진 등이 전부 거기에 저장되어 있기 때문이다. 하지만 실제로 같은 참여자들에게 휴대전화를 넘겨달라고 요청하자, 97퍼센트 이상이 그 요청에 응했다. 또다시, 우리는 자신도 거의 알지 못하고

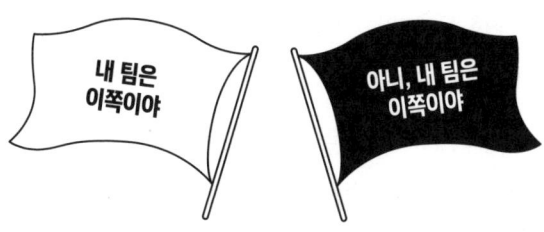

그림 7.1 우리는 각자 자기만의 세계 속에 고립되어 살아간다.

타인도 거의 알지 못한 채 **그림 7.1**처럼 살아간다.

우리가 이런 실수를 자주 저지르는 데는 여러 이유가 있다. 우리는 비슷한 사회경제적 혹은 교육적 배경을 가진 사람들과 주로 어울리거나 일한다. 그 결과, 우리가 자주 만나는 비슷한 성향의 사람들은 우리와 비슷한 삶을 살고 비슷한 관점을 지닐 가능성이 크다. 이런 경향은 '동질성 편향homophily'으로 알려져 있으며, 나이와 성별 같은 인구 통계학적 특성뿐 아니라 직업과 관심사에서도 나타난다. 이런 집단화 행동은 의도적일 수도 있지만, 지리적 환경이나 가족 역학 같은 근본적 요인을 통해 자연스럽게 생기는 경우가 더 많다. 어느 쪽이든, 우리는 이런 여과 작용이 우리의 인식을 어떻게 물들이는지 알아야 한다.

그다음에는 우리가 가장 많은 시간을 함께하는 사람, 즉 우리 자신을 고려해야 한다. 우리는 자기의 생각과 행동에 가장 친숙하다. 그래서 모호하고 불확실한 상황에 맞닥뜨리면 그 빈틈을 메우기 위해 쉽게 그것을 활용한다. 게다가 우리는 단순히 자기 생각과 행동이 옳기를 바라며, 이에 따른 편향을 지닌 채 세상에 접근한다. 반대 의견을 수용할 때보다 자신이 옳다고 생각할 때 인지적 노력이 덜 들기 때문이다. 프랑스 철학자 몽테스키외 Montesquieu가 "삼각형이 신을 만들면, 그 신에게는 세 변이 있을 것이다"라고 말한 것처럼.

우리는 모두 편향됐으며, 이를 극복하려면 먼저 그 사실을 인정해야 한다. 우리 내부의 관점과 지식을 자각하지 못하면 메시지를 효과적으로 전달할 수 없다. 스스로가 걸림돌이 되지 않도록 주의해야 한다.

자기만의 세계에서 벗어나야 한다

미국 재계가 여전히 완벽한 단일 문화라는 것은 확고한 진실이다. 이를 지배하는 사람은 중상위 계층에 속하고 대학 교육을 받은 백인 남성이다. 더 정확히 말하자면, 최고 경영진의 61퍼센트가 백인 남성이며, 〈포춘〉지 선정 500대 기업 중 흑인 최고 경영자를 둔 기업은 6곳뿐이다.[6] 여성은 승진도 덜 되고 직장을 떠나는 경우가 더 많다. 그리고 공학이나 기술직에 근무하는 여성은 근무 시간의 3분의 1에 달하는 시간 동안 해당 공간에서 말 그대로 유일한 여성으로 지내는 경우가 많다. 내부자들, 내부자들, 온통 내부자들뿐이다.

우리는 모두 이 에코 챔버 때문에 더 불행해졌다. 어떤 식으로 소통할지 결정하는 자리에서 다양한 의견을 듣지 못하면, 애슈턴 쿠처 같은 인물이 갈색 피부 분장을 하고 민망한 발리우드(인도 영화 산업을 일컫는 말-옮긴이) 억양으로 팝칩스Popchips(미국의 스낵 브랜드-옮긴이)를 홍보하거나, 의류회사 H&M이 광고 촬영에서 흑인 소년을 모델로 기용해 "정글에서 가장 멋진 원숭이"라는 문구가 적힌 스웨트셔츠를 입히는 식의 끔찍한 광고들이 나온다. 공개 전에 수백 명의 관계자가 무감각하기로 악명 높은 이 두 광고를 보았지만, 아무도 제동을 걸지 않았다. 서로 비슷한 사람 대신 세상의 다양한 모습을 반영한 팀이 있었다면, 이런 재앙은 일어나지 않았을 것이다.

도덕적 논쟁을 넘어, 다양한 인원으로 팀을 구성하는 것은 모든 면에서 효과적인 비즈니스 전략이다. 다양한 직원으로 이뤄진 회사들이 더 혁신적이고 생산적이고 수익도 높은 것으로 증명됐다. 직원 네 명 중 세 명은 포용적인 팀에서 일하기를 선호하는 것으로 나타났다.[7] 비즈니스 의사소통의 핵심 목표인 성장 촉진 측면에서, 다양성의 이점은 더욱 두드러진다. 다양성이 높은 회사는 시장점유율을 확보할 확률이 45퍼센트 더 높고, 새로운 시장을 완전히 장악할 확률은 70퍼센트 더 높다.[8] 편향된 사고방식에서 벗어나면 큰 성과로 이어지지만, 그 안에 머물면 대가를 치러야 한다.

다양성이 이런 이점을 제공하며 작동하는 메커니즘은 5장에서 초점을 논의할 때 뺄셈 전략을 효과적으로 만든 것과 동일하다. 바로 가용성 편향이다. 다양한 견해와 경험을 즉시 접할 수 있도록 가까이 두면, 그것들을 더 쉽게 활용한다. 반면에 모두가 우리와 똑같이 보고 행동하고 생각하는 환경에 갇힌다면, 이는 우리 자신과 청중을 해치는 일이다.

✦ 공감을 담은 메시지 만들기

의사소통에 공감을 불어넣으려면 자기만의 세계에서 벗어나 청중의 관점을 받아들여야 한다. 이를 위해 청중과 적극적으로 소통하며 다양한 관점을 반영하고, 위험한 가정에서 벗어나 진정한 소통으로 나아가도록 우리의 사고 틀을 전환해야 한다.

다양한 사람에게 메시지를 시험해 보라

당신은 자신의 주장이 타당하다고 쉽게 확신한다. 머릿속 목소리를 듣고 이해하는 데 많은 경험을 쌓았기 때문이다. 당신이 매우 설득력 있어 보이는 것은 자기 말을 확신하기 때문이다.

다른 사람들은 당신의 아이디어를 파악할 때 이런 내부자의 이점을 갖추지 못한다. 자신의 고정된 틀에서 메시지를 꺼내 세상에 내놓을 때까지, 당신은 자신이 의도하는 바를 제대로 전달하고 있는지 알 수 없다. 이때가 바로 공감을 만드는 도구 중 가장 명백하면서도 간과되기 쉬운 도구, '다양한 사람에게 메시지를 시험해 보기'를 활용할 때다.

공감을 담은 메시지와 공감이 없는 메시지의 예

"당신이 지키고 싶은 치아에만 치실을 사용하세요" — 나의 현재 치과의사	"잇몸 밑에 치석이 쌓이지 않도록 치실을 사용해야 합니다." — 나의 예전 치과의사
"4년 전보다 지금이 더 나아졌나요?" — 로널드 레이건	"검증되고 신뢰할 수 있는 팀." — 지미 카터
"반드시 다음 날 도착해야 한다면." — 페덱스	"브라운이 당신을 위해 무엇을 할 수 있을까요?" — UPS

메시지를 다른 사람들에게 시험해 보는 것은 이 책에 나온 방법 중 가장 쉬우면서도 제일 많이 간과되는 방법이다. 우리는 흔히 피드백이 나쁠 수도 있다는 이유로 피드백 받기를 두려워한다. 부정적인 피드백은 본래 불편한 법이다. 하지만 그 불편함을 극복해야 한다.

한 산업이 이 기능을 중심으로 구축되어 있다. 시장조사 업체와 여론조사 기관은 수천 명을 고용해 포커스 그룹 인터뷰를 진행하고 설문 조사를 실시한다. 아마 당신도 그런 인터뷰나 설문 조사에 참여한 적이 있을지도 모른다. 이 업계에서 일하는 내 친구들을 불쾌하게 하려는 건 아니지만, 대다수 사람에게는 그런 것들이 필요 없다.

우리는 소규모로 시작할 수 있다. 사무실의 다른 부서에서 지혜로운 바보 한 명을 불러오라. 목적에 맞는 친구 몇 명에게 이메일을 보내 피드백을 요청하라. 저렴한 온라인 설문 조사를 하거나, 여러 온라인 도구를 활용해 소규모 시험 광고 캠페인을 시도해서 아주 적은 비용으로 피드백을 받아라. 이렇게 제한적이고 비과학적인 조사만 해도 두려워서 시도조차 못 하는 사람들보다 한발 앞서 나갈 수 있다.

5장에서 말했듯이 '실행이 왕이다.' 단순히 (청중과 비슷한) 사람 몇 명을 대화에 끌어들이는 것만으로도 이미 다른 사람들보다 앞선다. 수학에서 배운 것처럼, 제대로만 하면 실제로 많은 사람을 조사하지 않고도 대규모 집단에 대한 결론을 도출할 수 있다. 미국의 대표 여론조사 기관 갤럽 Gallup은 1,000명의 응답자 조사만으로도 3억 3,000만 국민 전체에 대한 통찰을 주기적으로 제공한다.[9] 다음 영업 전략을 시험하는 데에는 지혜로운 바보 몇 명이면 충분하다.

전설적인 벤처 기업 육성 기관 '와이 콤비네이터 Y Combinator'는 에어비앤비, 레딧, 드롭박스 같은 회사를 수십억 달러 규모의 거대 기업으로 성장시켰다. 매년 수백 명의 창업자가 이 기관의 프로그램 참여 기회를 놓고 피 터지는 경쟁을 벌인다. 와이 콤비네이터의 공동 설립자인 폴 그레이엄 Paul Graham은 정기적으로 기술 분야의 논의를 주도하는 영향력 있는 블로그를 운영하는데, 프로그램 지원자들은 이 블로그를 철저히 연구한다. 프로그램 참가 자격을 얻기 위한 그의 가장 핵심적인 조언은 무엇일까? 그는 이렇게 말한다. "사용자들에게 배운 점을 설명하세요. 이는 많은 것을 검증해 줍니다. 사용자들에게 주의를 기울이는지, 그들을 얼마나 깊이 이해하는지, 그들이 당신의 제품을 얼마나 필요로 하는지 등등."[10]

사용자들과 소통하지 않는 회사는 생존할 수 없고, 청중과 대화하지 않는 소통자도 똑같이 무력하다.

이런 조사를 진행할 때 주의할 점이 하나 있다. 포커스 그룹을 활용한 테스트는 어떤 것이 효과가 있는지 없는지를 알려 줄 수는 있지만, 나아가야 할 길은 알려 주지 못한다. 사람들은 자신이 무엇을 원하는지 모른다. 자동차가 없던 시절의 사람들은 자동차를 상상하지 못하고 그저 더 빠른 말을 원했을 것이다. 우리가 기대하는 것은 그들의 조언이나 의견이 아니라 그들의 반응이다. 그들을 길잡이가 아니라 나침반으로 생각하라.

외부인의 마법을 활용하라

구글의 창업자들은 평사원에게서 나온 아이디어가 경영진이 주도한 아이디어보다 성공률이 높다는 사실을 확인했다. 라이트 형제는 아마추어 수리공이자 자전거 가게 주인이었지만, 비행의 꿈을 향한 경쟁에서 전문 기술자와 학자들을 앞질렀다. 헝가리 출신 커털린 커리코는 정육점 주인의 딸로, 수돗물과 냉장고조차 없는 집에서 자랐다. 기존 체제에 속한 학계 동료들에게 몇 번이고 거절당했지만, 전령 RNA 기술에 대한 그녀의 외로운 연구는 코로나19 백신 개발로 이어져 수백만 명의 생명을 구했다.[11]

직업, 학력, 생애로 보아 외부인일지라도, 그들은 내부인에게 없는 무언가 덕분에 반복적으로 이득을 본다. 그것은 바로 무엇을 하면 안 되는지 모른다는 점이다. 그들은 선불교에서 말하는 '초심', 즉 초보자의 마음을 지녔다. 초보자는 마음이 열려 있고 열정적이다. 배움을 추구하며 선입견에 얽매이지 않는다. 경험은 성장을 돕지만 행동과 사고방식을 굳어지게 해서 다른 가능성을 보지 못하게 할 수 있다. 최악의 경우, 우리는 자신의 접근법을 지지하는 의견만 받아들이고 도전적 견해와 증거는 무시하는 편향된 패턴 선택자가 된다. 초보자와 외부인은 머릿속 혼란이라는 무거운 짐을 지고 있지 않다.

유명한 디자인 회사 아이데오^{IDEO}는 폭넓은 외부 시각을 가진 사람들을 '크로스 폴리네이터$^{cross\text{-}pollinator}$'라고 부른다. 이들은 '관련이 없어 보이는 아이디어나 개념 사이에서 연관성과 연결을 끌어내어 새로운 지평을 여는' 사람들이다.[12] 크로스 폴리네이터들은 조직 내부에만 머무는 사람이 쉽게 알 수 없는 방식으로 다양한 측면과 아이디어를 결합한다. 그리고 한 분야에서 개념을 가져와 완전히 다른 분야에 적용한다. 이처럼 외부 시각을 가진 사람들이 만드는 창의성과 연결의 융합은 위대한 혁신과 운동의 원천이 된다.

어떤 것도 가정하지 마라

가정 assume에 관한 진부한 농담이 있다. 수많은 머그잔에 적혀 있을 정도로 유명한 그 농담이다. '네가 뭔가를 가정하면, 너u도 나me도 바보ass가 돼.'

보내는 이가 해야 할 유일한 가정은 받는 이가 잘 지내고 있다는 것이다. 그들은 오늘 아침에 당신의 영업 제안이나 안전 경고를 간절히 기대하며 일어나지 않았다. 그들은 오늘 일정에 '광고 보기'나 '소셜 미디어 광고 클릭하기'를 넣지 않았다. 그들은 당신의 보도자료를 읽거나 웹사이트를 방문할 계획을 세우지 않았다. 그들은 많은 것에 관심을 갖지만, 당신의 메시지는 그중 하나가 아닐 확률이 높다.

반대로 받는 이가 우리 메시지를 찾아서 분석할 능력과 동기를 지녔다고 가정해 보자. 가끔은 가정이 맞을 때도 있지만 틀릴 때가 훨씬 더 많다. 가정이 맞아서 얻는 이익은 대체로 미미하며, 가정이 틀려서 소통에 완전히 실패할 위험은 훨씬 크다. 차라리 무지나 무관심을 기본으로 삼고 겸손하게 접근한다면, 받는 이의 삶에 자연스럽게 녹아드는 메시지를 더 잘 설계할 수 있다.

우리의 상식이 항상 모두에게 통하는 것은 아니라는 점을 이해해야 한다. 우리는 타인이 모르는 많은 것을 알고 있으며, 자신의 지식을 당연하게 여기는 나쁜 습관을 갖고 있다. 야구팬들은 모든 사람이 유격수의 수비 위치를 알고 있다고 생각하고, 지질학자들은 모든 사람이 판구조론의 핵심 내용을 알고 있다고 여긴다. 하지만 야구 경기를 보거나 과학 수업을 들은 적이 없다면, 이런 기본 지식은 낯선 개념일 것이다.

가정의 오류는 '~을 잊지 마세요'나 '~을 기억하세요'로 시작하는 메시지에서 가장 자주 나타난다. 이런 표현에 기대는 것은 게으름과 오만을 동시에 드러낸다. 알지도 못하는 것을 잊을 수는 없다. 우리는 모두 (이 멍청한 뇌 때문에) 잊기 마련이지만, 누군가가 메시지를 외부에서 상기시켜야만 기억한다면, 당신은 애초에 그 메시지를 제대로 전달하지 못한 것이다. 이런 가정을 버리고 곧장 본론으로 들어간다면, 당신의 메시지는 언제나 더 강력해질 것이다.

디자이너들은 오래전부터 '욕망 경로 desire lines'라고 불리는 현상을 알고 있었다. 많은 사람이 밟아 생긴 비공식 경로로, 들판을 가로지르거나 러닝머신을 옷걸이로 사용한 적이 있다면 그것이 바로 욕망 경로다(**그림 7.2** 참조). 공원이나 러닝머신을 만든 사람들의 의도와 달리, 사용자들은 그 디자인을 다르게 활용하고 싶어 했고 그들만의 방식을 만들었다. 미시간 주립 대학교는 캠퍼

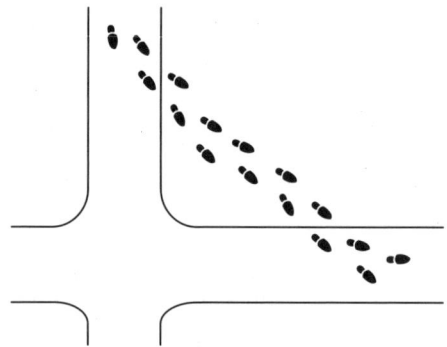

그림 7.2 욕망 경로는 사람들이 가고자 하는 곳을 보여 준다.

스를 설계할 때 길을 포장하지 않았다. 학생들이 수많은 발자국으로 경로를 형성한 후에 설계자들은 이 욕망 경로대로 길을 포장했다. 도시계획가 제인 제이콥스Jane Jacobs는 이런 종류의 선들이 보여 주는 상향식 계획의 힘을 이렇게 설명했다. "도시에 강요할 수 있는 논리는 없다. 도시는 사람들이 만드는 것이므로… 우리는 그들의 방식에 맞춰 계획을 세워야 한다."[13]

청중이 스스로 원하는 방향을 알려 줄 것이다. 우리는 귀 기울여 듣기만 하면 된다. 메시지를 만들고 검증하는 과정에서 지혜로운 바보의 관점을 참고하면 이 경로를 찾는 데 도움이 될 것이다.

사람 대 사람으로 소통하라

몇 년 전, 친구들과 저녁 식사를 했다. 그중 한 명은 상당히 심각한 제품 설계 결함으로 당시 언론에 대대적으로 보도된 회사에 근무 중이었다. 주요 결함을 입증하는 치명적인 영상이 소셜 미디어에 퍼지고 있었고, 경제 방송에 출연한 전문가들은 이 충격적인 사건이 회사 미래에 미칠 영향을 두고 진지하게 논쟁했다. 이 끔찍한 뉴스를 접한 누군가가 식탁 맞은편에서 그 친구에게 회사 상황을 물었다. 그는 본사의 높으신 분들께서 내려 준 답변을 줄줄이 외우듯 말했다. "이런 사건이 발생한 것을 유감스럽게 생각하며…."

모두 폭소를 터뜨렸다. 마치 보도자료와 식사하는 느낌이 들었다. 사람들은 그런 식으로 말하지 않는다. 일부러 예의 바른 표현을 만들려 하거나, 책임을 부인하라며 변호사가 바싹 붙어 강하게 압박하지 않는 한, '~을 유감스럽게 생각합니다'라는 말로 문장을 시작한 적은 없을 것이다. 그 대신 사람들은 이렇게 말한다. "최악이야."

2018년, 영국에서 프라이드치킨 업계의 거물 KFC에도 최악의 사태가 발생했다. 닭고기가 동나 버린 것이다. 유통 업체와 관련된 불행한 고속도로 사고로 연쇄적 물류 문제가 발생해 자사

대표 제품인 치킨이 동나자, 전국 900곳의 매장 중 4분의 3이 일시적으로 문을 닫아야 했다. 그야말로 악몽 같은 상황이었다.[14]

기존 홍보 지침에 따르면 공식 보도자료를 발표해야 할 상황이다. 정장 차림의 남자가 경직된 태도로 마이크 앞에 서서 상황을 설명한 뒤 '불편을 끼친 것'을 사과할 것이다. 하지만 이는 기업의 소통 방식이지 인간의 방식은 아니다. 대신 KFC는 영국 주요 일간지에 단순하고 솔직한 그래픽을 담은 전면 광고를 실었다. 회사의 상징인 빨간색과 흰색 통 앞면에 'FCK(KFC로고를 재배열한 자조적 유머-옮긴이)'라고 적힌 그림이었다. 그림 아래 문구에는 인간다운 솔직함이 배어 있었다. "죄송합니다. 치킨이 없는 치킨 가게. 바람직한 상황이 아니죠." 단 한 편의 광고로 KFC는 신선하고 자연스러운 말투로 '지옥 같은 한 주'에 대해 사과하고 언론 보도의 흐름을 완전히 뒤집었다.

사람처럼 말하는 게 어려우면, 실제 사람에게 말을 걸어 보라. 동료에게 말을 걸거나 친구에게 전화해서 하고 싶은 말을 직접 이야기해 보라. 진지한 표정으로, 성우처럼 과장되게 들리지 않게 메시지를 전달할 수 있다면 잘한 것이다. 대화 중에 해야 할 말을 자연스럽게 전달하는 것이 불편하다면 다시 돌아가서 연습해야 한다.

작가이자 마케터인 세스 고딘Seth Godin은 글쓰기에 관해 이렇게 말했다. "말문이 막히는 사람은 없다."**15** 우리는 매일 말하지만, 말문이 막히는 일은 드물다. 그런데 왜 글을 쓸 때는 막히는 사람이 그렇게 많을까? 고딘은 이렇게 답한다. "우리가 말에 능숙한 것은 계속 말하기 때문이다." 그는 이어서 매일 연습하는 습관의 중요성을 강조한다. 이는 실력을 키우는 훌륭한 방법이지만, 우리는 이 통찰을 곧장 적용해 볼 수도 있다.

메시지가 딱딱하거나 비즈니스 용어의 틀에서 벗어나기 어렵다면, 글로 쓰지 말고 소리 내어 말해 보라. 샤워하면서 혼잣말로 연습하거나 아침 식사 중에 배우자에게 말해 보라. 가장 좋은 방법은 청중과 비슷한 사람에게 말해 보는 것이다. 매일 수없이 말해 온 덕분에, 당신의 말하기 근육은 글쓰기 근육보다 훨씬 더 단련돼 있을 것이다. 그러니 그 능력을 활용하라.

점검 과제

♦ 받는 이는 당신이 모르는 무엇을 알고 있을까? 그들은 어떤 질문에 당신보다 더 잘 답할 수 있을까?

♦ 당신이 가장 확신하는 가정은 무엇인가? 그 가정이 틀렸다면 무슨 일이 생길까?

♦ 당신의 메시지 중 가장 이해하기 어려운 단어나 개념은 무엇인가? 그것을 더 쉽게 바꿀 수 있을까?

♦ 악의를 가진 사람이나 당신을 호의적으로 보지 않는 사람이 당신의 메시지를 들으면 어떻게 받아들일까? 최악의 상황에서는 그 메시지가 어떻게 비칠까?

♦ 가장 친한 친구와 저녁을 먹으며 그 메시지를 꺼낸다면, 어떻게 말하겠는가?

8장
간결함:
군더더기 없이 핵심만 말하라

예술은 불필요한 것을 덜어 내는 작업이다.
— 파블로 피카소

2015년 6월 16일, 도널드 트럼프^{Donald Trump}는 호화로운 금빛 에스컬레이터를 타고 자신의 이름을 딴 트럼프 타워 로비로 내려와 미국 대통령 출마를 발표했다. 그의 연설과 출마는 곧바로 심야 코미디 프로그램 진행자와 진지한 정치 평론가 모두에게 웃음거리가 됐다.

되돌아보면 잘 기억나지 않지만, 트럼프의 출마 전 공화당 관계자들은 인기 주지사, 베테랑 상원 의원, 존경받는 정치 외부인 등 17명의 후보를 역대 최고의 '강력한' 후보군으로 평가했다.[1]

초기 선두 주자 젭 부시는 전임 공화당 대통령의 동생이자 그 이전 대통령의 아들이었다. 전문가들은 플로리다 출신의 떠오르는 스타 마코 루비오 상원 의원과 텍사스 출신의 파격적인 강경파 테드 크루즈를 당에 새로운 지지층을 끌어들일 인물이라며 극찬했다. 저 타블로이드 속 괴짜 리얼리티 스타가 금방 사라질 것으로 예상한 공화당 내부 인사들을 비판하기는 어렵다.

하지만 트럼프 연설의 마지막 한 줄로 경선의 흐름이 완전히 바뀌었다. "나는 이 나라를 그 어느 때보다 더 크고 더 훌륭하고 더 강한 모습으로 되살릴 것이며, 우리는 미국을 다시 위대하게 만들 겁니다."

'미국을 다시 위대하게 만들겠다Make America Great Again'는 구절은 선거 기간 내내 트럼프의 단순 명료한 선거 구호로 자리 잡았다. 이 구호는 요란한 빨간 모자에 새겨지고 수백만 트위터 프로필의 해시태그 '#MAGA'로 사용되며 불멸의 상징이 됐다.

구호는 매우 강력했다. "그 사람을 왜 지지합니까?"라고 질문 받은 유권자들에게 단순한 답을 주었기 때문이다. 그들은 트럼프가 '미국을 다시 위대하게 만들 것'이라고 대답했다. 이 한 문장만으로 충분했다. 트럼프의 구호는 무거운 인종적, 역사적 의미를 담고 있지만, 별다른 설명 없이도 모자에 새기고 사람들의 머릿속에 각인될 만큼 간결하고 명확하다.

부시는 효과적인 구호의 중요성을 이해하지 못했다. 그의 악명 높은 로고는 '젭!'이었고, 해시태그는 '#AllInForJeb'(젭에게 모든 걸 건다는 뜻-옮긴이)이었다. 이런 구호로 사람들을 어떻게 움직이겠는가?

루비오도 이를 이해하지 못했다. 그의 구호는 '새로운 미국의 세기'였다. 도대체 그게 무슨 뜻일까?

크루즈도 마찬가지였다. 그의 구호는 '함께라면, 우리는 이긴다'라는 문구였다. 그렇다고 치자. 하지만 뭘 이긴다는 걸까? 어떻게? 왜?

트럼프는 공식 후보 지명을 확정 지은 후 11월 대선에서 힐러리 클린턴과 맞붙었다. 정치인들 사이에서는 물론이고 세계적으로 유명한 인물인 클린턴은 미국 국무장관, 상원 의원, 영부인으로 활동한 경력을 가진 누구보다 막강한 도전자였다. 그녀는 업계 최고의 경험 많은 팀을 보유했지만, 그녀의 선거운동 본부는 후보 출마 이유를 명확히 설명하는 데 실패했다. 클린턴 선거운동 본부는 시기별로 '함께 더 강하게', '그녀와 함께하자', '우리를 위해 싸우자', '사랑이 증오를 이긴다' 같은 구호를 사용했다. 이 모든 구호는 선거용 표지판에 적기에는 간결하고 보기 좋은 문구들이지만, 내부와 외부의 비판적 검토 앞에서는 모호하고 형체 없는 메시지에 불과하다.

사람들은 왜 자신이 지지하는 후보자에게 투표하는가? 뒤이은 선거운동의 혼란과 그 결과로 생겨난 논란 많은 행정부에도 불구하고, 트럼프는 선거운동 초기에 경쟁자들이 하지 못한 하나의 일을 제대로 해 냈다. 지지자들에게 왜 자신을 지지해야 하는지에 단순한 답을 준 것이다.

공화당의 정치적 반대 진영인 민주당의 기존 세력은 트럼프 취임 2년 만에 다시 한번 위기를 맞았다.

1999년 이후 퀸스와 브롱크스의 다양한 지역사회를 대표해 온 하원 의원 조 크롤리는 뉴욕 정계의 거물이었고 차기 하원 의장으로 유력하게 거론됐다. 매 선거에서 크롤리는 거의 경쟁 없이 손쉽게 10선을 달성했다. 퀸스 카운티 민주당 의장인 그는 현대 미국 정치계에서 누구보다 영향력 있는 배후 실력자였다. 다들 그가 11번째 선거에서도 쉽게 승리하리라 예상했다.

하지만 2018년은 평범한 선거 해가 아니었다. 미국 전역에서 열정적인 민주당 활동가들이 변화를 이끌지 못한다고 여기던 기성 정치인들에게 도전하기 시작했다. 뉴욕에서는 브롱크스 출신의 젊은 후보 알렉산드리아 오카시오코르테스 Alexandria Ocasio-Cortez

가 이 새로운 물결에 동참해 크롤리를 꺾으러 나섰다. 이는 2004년 이후 크롤리의 첫 경선 도전이었다.

다행히 우리는 2019년에 나온 다큐멘터리 〈세상을 바꾸는 여성들(영어 제목은 'Knock Down the House'로 2018년 미국 중간 선거에서 기존 정치 기득권에 도전한 여성 후보자 네 명의 이야기를 다루고 있다-옮긴이)〉을 통해 오카시오코르테스의 선거운동을 생생하게 들여다볼 수 있다.[2] 다큐멘터리 속 그녀는 소파에 앉아 커피를 마시며, 자신의 파격적 선거운동에 힘을 실어주는 독특한 시각과 명확한 메시지의 강점을 설명한다.

오카시오코르테스는 표지에 크롤리의 얼굴이 지나치게 크게 나온 번지르르한 선거 우편물을 들고 이렇게 말한다. "자, 이걸 보세요. 모든 지역 주민이 제 상대 후보의 이 화려한 카탈로그를 받았어요."

이번에는 자신이 제작한 홍보 엽서를 집어 들며 말한다. "자랑하려는 건 아니지만, 이게 바로 조직가와 전략가의 차이입니다."

이제 두 선거운동 자료가 나란히 놓여 있다. 왼쪽에는 크롤리의 큰 얼굴과 로고가, 오른쪽에는 오카시오코르테스의 보라색과 흰색으로 이뤄진 엽서가 있다. 그녀는 엽서를 가리키며 자신의 이름에서 투표 정보가 적힌 제목란으로 손을 옮기며 묻는다. "제가 사람들에게 바라는 게 뭐냐고요? 제가 원하는 건 2가지예요. 제 이름을 기억하는 것과 투표해야 한다는 사실을 알리는 거죠."

그녀는 청중을 사로잡으며 말을 이어 간다. "자, 저에게 투표하세요. 왜냐고요?" 그러고는 엽서를 뒤집어 핵심 공약 목록을 보여 준다. "마약 단속 정책 폐지. 완전 재생에너지로 전환. 공립대학 무상 교육."

오카시오코르테스는 화제를 전환하며 크롤리의 홍보 자료를 다시 집어 들고 말한다. "이건 전략가의 방식입니다. 여기 예비선거 날짜가 어디 있죠? 처음 이걸 봤을 때, 우편함에서 꺼내는 그 순간에 날짜가 보이나요?" 날짜는 없다. 그녀는 인쇄된 문구를 읽는다. "워싱턴에서 도널드 트럼프에게 맞서 싸우겠습니다. 퀸스와 브롱크스를 위해 성과를 내겠습니다." 그리고 짜증 섞인 목소리로 덧붙인다. "성과를 낸다니, 이런 건 내부자들이나 쓰는 말이에요."

오카시오코르테스는 '크고 멋진 홍보물'을 계속 살펴보지만, 여전히 날짜는 어디에도 보이지 않는다. 그녀는 이렇게 결론짓는다. "여기에는 앞으로의 계획이 전혀 없어요. '트럼프'가 세 번 나오고 약속은 단 한 번도 나오지 않네요."

이 1분짜리 영상에는 많은 정치 및 비즈니스 리더가 평생에 걸쳐 보여 주는 것보다 더 뛰어난 소통 기술이 담겨 있다. 소비자, 유권자, 기부자는 대부분 '당신이 누구인지, 무엇을 원하는지, 그리고 내가 왜 관심을 가져야 하는지'라는 질문에 대해 단도직입적인 답을 원한다.

크롤리의 우편물에서 좀처럼 찾기 어려웠던 예비 선거 날짜는 2018년 6월 26일이었다. 그날 밤 투표가 마감되자, 뉴욕은 물론 미국 전역이 충격에 휩싸였다. 오카시오코르테스는 57퍼센트에 가까운 득표율로 현직 의원을 꺾으며 전국적인 화제가 됐다.

✦ 간결함이 중요한 이유

5가지 원칙 중 마지막은 '간결함'이며, 이 순서는 의도적으로 배치된 것이다. 간결함이란 필요한 것을 모두 갖되, 꼭 필요한 것만 가지는 것을 의미한다. 이런 결단은 의사소통이 유익함과 초점, 돋보임과 공감을 모두 갖추었음을 확인한 후에야 내릴 수 있다. 무엇이 필수적이고 무엇이 불필요한지 알기 위해서는 이 모든 조건이 충족되어야 한다.

간결함은 최소 메시지의 공통된 특징이지만, 최소 메시지의 정의는 아니다. 단순한 삶을 추구하는 사람들은 대부분 물건을 전혀 갖지 말라고 주장하지 않는다. 대신 중요하지 않은 것을 버리고 중요한 것을 받아들이라고 강조한다. 2장에서 소개한 마리에는 '진정으로 소중히 여기는 것들 사이에서 살도록 장려하는' 곤마리 KonMari 정리법을 통해 극단적 금욕주의 생활 방식과 멀리 거리를 둔다.[3]

대신 우리는 엔지니어의 시각으로 접근해 간결한 메시지를 하나의 설계 과제로 다룰 것이다. 진출 램프 off-ramp(고속도로에서 나와 다른 도로로 진입할 수 있도록 돕는 짧은 도로-옮긴이)를 피하고 구조적 견고함을 확보해 마찰을 최소화하는 데 초점을 맞춰 보자. 진출 램프는 메시지가 산만해지거나 약화되는 경로를 말한다. 구조가 탄탄한 메시지는 주변 환경의 도전에 맞설 수 있다.

당신이 어느 정치 진영에 속하든, 이 장의 앞부분에 등장하는 두 정치인은 비슷한 방식으로 소통한다. 그들은 군더더기 없이 핵심만 말한다. 허튼소리는 모두 내던지고 직설적인 메시지를 채택한 덕분에 그들은 정치권에서 가장 영향력 있는 자리에 올랐다. 그리고 이런 전략은 다양한 산업의 브랜드와 리더를 각 분야의 정상에 오르게 했다.

군더더기는 진출 램프다. **그림 8.1**에서 볼 수 있듯이, 불필요하게 복잡하거나 뜻이 불명확한 언어와 단어, 용어는 메시지를 받는 이에게 주의를 딴 데로 돌릴 기회를 준다. 앞의 사례에서 유권자들은 후보자들의 늘 똑같이 반복되는 뻔한 말을 보고 흥미를 잃었다. '혁신적', '우수한', '책임지는' 같은 그럴듯하면서도 실속 없는 단어를 읽은 웹사이트 방문자들은 멍해진 눈으로 이전 페이지로 돌아가 다른 것을 찾는다.

유의어 사전을 펼쳐 스크래블Scrabble(단어 만들기 보드게임-옮긴이)에서나 통할 거창한 전문용어를 만든다고 해서 상대의 마음을 사로잡을 수는 없다. 불필요하게 긴 단어를 쓴다고 재치 대결에서 이길 수 있는 것도 아니다. 그리고 그렇게 이긴다 해도, 당신이 바라던 구매, 투표, 기부 등을 얻게 되는 건 아니다. 오히려

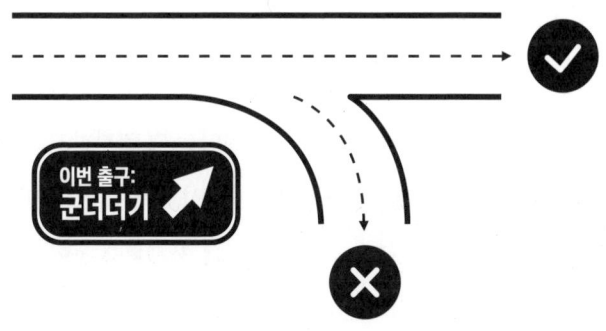

그림 8.1 메시지를 받는 이가 진출 램프를 타지 않게 하라.

바보처럼 보일 가능성이 훨씬 더 크다.

프린스턴 대학교의 연구자들은 대학원 입학 지원 에세이 샘플 두 세트를 마련했다. 하나는 기준 세트이고 다른 하나는 단어들을 긴 동의어로 바꿔 복잡성을 높인 세트였다.[4] 그런 다음 심사 위원들에게 가상의 지원자를 받아들일지 아닐지, 그 결정을 얼마나 확신하는지, 그리고 마지막으로 해당 에세이의 난이도는 어떤지 평가해 달라고 요청했다.

똑똑한 학생들은 어휘력이 더 뛰어나서 더 훌륭한 지원자가 되는 것 아닐까? 그렇지 않다. **그림 8.2**에서 볼 수 있듯이, 복잡한 어휘를 사용할수록 읽기가 어려워지고 심사 위원들이 그 지원자를 합격시킬 가능성도 더 낮았다. 복잡한 에세이와 달리, 결과는 다음과 같이 명확히 드러났다. '단순한 글이 중간 정도로 복잡한 글보다 높은 점수를 받았고, 중간 정도로 복잡한 글은 매우 복잡한 글보다 높은 점수를 받았다.'

같은 연구팀이 이번에는 복잡한 에세이를 더 명확하게 단순화하여 실험했을 때도 결과는 동일했다. 심사 위원들은 더 단순한 글의 저자를 지능이 높고, 더 복잡한 글의 저자를 지능이 낮다고 일관되게 평가했다. 심지어 17세기 프랑스 철학자 르네 데카르트의 작품을 전문적으로 번역한 글을 시험했을 때도, 참여자들은

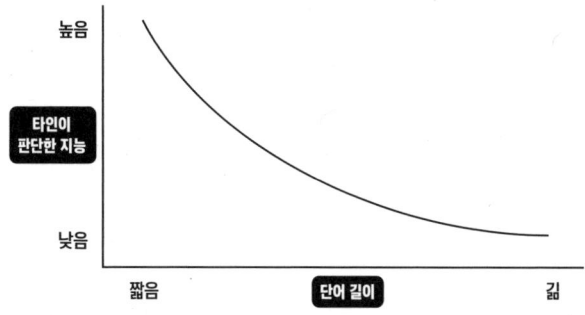

그림 8.2 단어 길이와 타인이 판단한 지능 사이의 상관관계

단순하게 번역한 사람의 지능이 높아 보이고, 복잡하게 번역한 사람의 지능은 낮아 보인다고 일관되게 평가했다.

복잡한 어휘는 글의 흐름을 매끄럽지 않게 만든다. 읽거나 보거나 이해하기 어려울수록, 그 어려움은 불신과 반감으로 쉽게 이어진다. 보잘것없는 아이디어를 거창한 단어로 포장하면 마찰만 커지고 우리가 다가가고자 하는 사람들은 오히려 멀어진다. 그리고 그 과정에서 진출 램프는 더욱 매력적으로 보인다.

구조적 완전성

의사소통은 다음 기본 기준을 충족하는 언어를 사용할 때만 효과적으로 이뤄진다.

- 보내는 이가 그 언어를 이해한다.
- 받는 이가 그 언어를 이해한다.

보내는 이와 받는 이가 모두 메시지를 구성하는 언어를 이해한다면 제대로 시작한 것이다. 그렇지 않다면 시작부터 실패한 셈이다. 얼마나 훌륭한 광고를 만들었는지는 중요하지 않다. 광고가 이탈리아어로 됐거나, 광고 카피가 의학 사전에서 그대로 따온 전문용어로 이뤄져 있다면, 나는 그 광고를 이해할 수 없을 것이다. 광고가 **그림 8.3**처럼 업계 유행어나 두문자어로 가득하다면, 나는 그게 무슨 말인지 모를 것이다. 이 테스트를 통과하지 못하는 메시지는 구조적으로 탄탄하지 않아 무너지고 만다.

문제는 대다수 사람에게, 과학 전문용어나 외국어가 아니어도 의사소통이 어려울 수 있다는 점이다. 미국 교육부에 따르면 미국 성인의 21퍼센트가 기본적 읽기 능력만 있거나 일상생활에 요구되는 수준을 충족하지 못하는 기능적 문맹 상태다. 국제적으로 비교하면 미국은 문해력 지표에서 수십 개국보다 뒤처진다. 특히 이 지표에서는 소수 집단이 불평등의 역사 때문에 상대적으로 더 큰 피해를 보고 있다.[5] 이는 도덕적 문제이자 공공 정책의 과제로, 우리는 더 잘할 수 있고 더 잘해야 한다.

그림 8.3 전문용어가 늘어날수록 실패할 가능성이 커진다.

하지만 주어진 현실을 있는 그대로 받아들여야 한다. 어려운 단어를 쓸 때마다 그 대가는 가파르게 증가한다는 현실을 직시해야 한다. 경계를 조금씩 넓히면 사람들은 맥락을 통해 여기저기서 몇몇 단어를 이해할 수 있다. 하지만 너무 멀리 나아가면 사람들의 독해력은 급격히 떨어지고 만다.

이메일 관리 앱 부머랭이 수백만 건의 대화를 분석한 결과, 대학 수준의 읽기 난이도로 쓰인 이메일이 단연코 가장 낮은 응답률을 보였다.[6] 가장 높은 응답률을 보인 이메일은? 초등학교 3학년 수준의 문장으로 작성된 이메일이었다. 이 장의 첫 부분에서 언급된 연설은? 초등학교 4학년 수준이었다.

언어는 시간이 지나면서 변화하고 성장한다. 전 세계적으로 점점 더 많은 사람이 연결되고 아이디어를 주고받으면서 변화의 속도는 해마다 빨라지고 있다. 최근 한 달 동안 옥스퍼드 영어 사전에는 1,500여 개의 단어가 추가되거나 수정됐으며, 이는 29분마다 새로운 정의가 생겨난 셈이다.[7] 상황은 계속 변한다. 따라서 메시지를 효과적으로 전달하려면 누구나 이해할 수 있는 견고한 토대 위에 메시지를 구축해야 한다.

복잡한 시스템은 실패할 수 있는 지점이 많아서 무너진다. 복잡한 메시지도 같은 이유로 무너진다. 노벨상 수상자 대니얼 카너먼 Daniel Kahneman과 그의 오랜 협력자 아모스 트버스키 Amos Tversky는 이렇게 설명한다. "원자로나 인체 같은 복잡한 시스템은 필수 구성 요소 중 하나라도 고장 나면 제대로 작동하지 않는다. 각 구성 요소의 실패 확률이 매우 낮더라도, 많은 요소가 얽혀 있다면 전체 시스템이 실패할 가능성은 커질 수 있다."[8]

메시지에 구성 요소가 하나 더 추가될 때마다, 실패 가능성이 커지거나 마찰이 생길 여지가 많아진다. 받는 이가 애써 이해하길 기대하지 마라. 어차피 그러지 않을 테니까.

유명한 물리학자 스티븐 호킹 Stephen Hawking이 베스트셀러 《시간의 역사 A Brief History of Time》를 집필할 때, 출판사는 본문에 방정식이 하나 들어갈 때마다 판매량이 절반으로 줄어들 거라고 경고했다.[9] '우주에 대한 완전한 이해'를 다루면서도 호킹은 단 하나의 방정식, '$e=mc^2$'만을 책에 실었다. 그가 단 하나의 방정식으로 빅뱅과 블랙홀을 설명할 수 있다면, 당신도 복잡함을 없앨 수 있다.

간결한 메시지와 간결하지 않은 메시지의 예

"음식을 먹어라. 주로 채소를.
너무 많이는 말고"
— 마이클 폴란

"평생 건강한 식습관을 유지하세요."
— 미국 보건복지부

"자유가 아니면 죽음을 달라."
— 페트릭 헨리

"국왕과 의회의 양원에 호소하십시오.
여러분의 진술은 품위 있고 단호해야
하며, 견고한 미국 헌법을 얻는 것에
주로 초점을 맞추십시오.
우리가 안전하게 받아들일 수 있고
영국도 존엄하게 승인할 수 있는
그런 헌법이어야 합니다."
— 새뮤얼 시버리

"무심코 한 말이 배를 침몰시킨다."
— 미국 전쟁 광고 위원회

"병력 이동, 함정 출항, 전쟁
장비에 대해 논하지 마시오."
— 미국 전쟁 정보국

✦ 간결한 메시지 만들기

간결한 메시지를 만들기 위해서는 철학자 아리스토텔레스가 말한 제1원칙, 즉 '어떤 것이 알려지는 최초의 근거'를 먼저 고려해야 한다.[10] 전하려는 내용을 가장 기본적인 구성 요소로 분해하면, 목적에 도움이 되지 않는 요소에 주의를 빼앗기지 않고 필요한 핵심만 담은 메시지를 만들 수 있다. 먼저 포지셔닝 positioning (특정 제품이나 브랜드가 소비자의 마음속에 차지하는 위치를 뜻하는 마케팅 용어-옮긴이)의 요소들을 분석하고, 이를 표현하는 데 사용하는 언어를 검토한 뒤, 마지막으로 그 메시지가 세상에서 어떻게 구현되는지 살펴볼 것이다.

'왜?'에 답하라

사람들은 자기 행동에 이유를 갖고 싶어 한다. 자신의 결정이 감정적이거나 비이성적일 때조차, 사람들은 자신이 무엇을 사고 누구에게 투표하고 누구에게 기부하는지에 대해 논리적인 이유가 있다고 생각하기를 좋아한다.

그러니 그들에게 이유를 주라.

당신이 청중에게 줄 수 있는 가장 가치 있는 선물은, 그들이 자신과 다른 사람에게 반복해서 말할 수 있는 '당신을 선택해야 하는 이유'를 제공하는 것이다. 그 이유는 마음을 편안하게 하고, 다른 사람이 물을 때도 쉽게 대답할 수 있게 한다. 사람들은 그런 이유에 기대어 선택을 정당화할 수 있다.

트럼프에게 투표한 이유는 무엇이었을까? 음, 그가 미국을 다시 위대하게 만들 거라고 했기 때문이다. 오바마에게 투표한 이유는 무엇이었을까? 그는 우리가 믿을 수 있는 변화였기 때문이다.

내가 치실을 사용하기 시작한 이유는? 치과의사가 지키고 싶은 치아에만 치실을 쓰면 된다고 했기 때문이다. 디즈니월드에서 휴가를 보내는 이유는? 그곳이 지구상에서 제일 행복한 곳이기 때문이다.

당신을 선택하는 일이 기분 좋게 느껴지도록 만들라. 그러면 사람들은 당신을 선택한 결정에 더 큰 만족을 느낄 것이다.

브랜드 마케팅에서 이 답을 찾아내는 기술을 포지셔닝이라고 하며, 자신만의 포지셔닝을 찾으려면 다음 3가지 기본 질문에 답해야 한다.

- ✦ 이 제품은 누구를 위한 것인가?
- ✦ 그들은 어떤 문제를 가졌으며 이 제품은 그 문제를 어떻게 해

결해 주는가?
* 그 문제를 해결하는 데 왜 이 제품이 다른 모든 방법보다 나은가?

이 책의 다른 내용들과 마찬가지로, 이 질문들은 단순해 보여도 답을 찾기는 어렵다. 브랜드 컨설턴트는 매일 기업에 이런 질문들을 던지며 막대한 보수를 받는다. 그리고 놀랍게도, 많은 사람이 자신과 자신의 사업에 대해 제대로 답하지 못한다. 당신은 모든 사람을 만족시킬 수 없다. 모든 문제를 해결할 수도 없고, 모든 분야에서 최고가 될 수도 없다.

자신에게 이러한 질문을 던지는 것은 시장 내에서 당신의 위치, 즉 고객의 마음속에서 당신이 차지하는 자리를 명확히 규정해 준다. 이 기본 요소는 당신이 앞으로 나아가는 동안 초점을 잃지 않고 올바른 방향을 유지할 수 있도록 돕는다.

기초부터 시작하라

메시지를 전달하고 싶다면, 가장 좋은 방법은 스스로 제약을 두는 것이다. 가장 많이 쓰이는 단어 100개의 10배만 사용해서 아이디어를 설명해 보라. 그렇게 시도해서 성공한다면 자신의 의도를 더 단순하게 설명하는 방법을 이해하게 될 것이다. 그것을 해 낸 후에는 더 어려운 단어를 추가해도 된다.

'100개의 10배'라는 말이 대체 무슨 뜻이었을까? '1,000', 즉 100개의 10배는 위 단락에서 언급한 제약 조건이었다. 글이 좀 어색하게 느껴졌다면, 영어에서 가장 많이 쓰이는 1,000개의 단어만 사용해 쓴 것이기 때문이다. 위 단락을 쓸 때 나는 '제한', '숙달된', '복잡한' 같은 단어를 쓰고 싶었지만, 그런 단어들은 1,000개의 단어 목록에 포함되지 않아서 사용할 수 없었다.

오랫동안 인기리에 연재 중인 웹툰 '엑스케이씨디 xkcd'의 작가 랜들 먼로 Randall Munroe는 《랜들 먼로의 친절한 과학 그림책 Thing Explainer》이라는 책을 전부 이런 방식으로 썼다.[11] 그는 영어에서 가장 많이 쓰이는 단어 1,000개만 사용한다는 제약을 두고, 카메라와 전자레인지부터 원자폭탄에 이르기까지 온갖 종류의 과학기술 주제를 익살스럽고도 정확하게 설명한다. 예를 들어, 그의 단순화된 언어를 사용하면 카메라는 '사진 찍는 기계', 전자레인지는 '음식 가열 라디오 상자', 원자폭탄은 '도시들을 불태우는 기계'로 표현된다. 과학자 피터 글릭 Peter Gleick은 이 책의 서평에서 먼로의 프로젝트를 높이 평가하며 다음과 같이 썼다. "빛의 색깔에 관한 부분은 내가 읽어 본 책 중에 이 어려운 개념을 가장 탁월하게 설명한 사례에 속한다. 내 학창 시절 선생님들도 이 책을 읽었다면 가르치는 방법을 한두 가지쯤 배울 수 있었을 것이다."

영어에는 17만 개가 넘는 단어가 있지만, 알고 보면 그중 단 1,000개의 단어가 전체 영어 문서의 75퍼센트를 차지한다.[12] 이 정도의 집중도가 놀랍다고 느껴진다면, 실제 사용은 그보다 더 편중되어 있다. 가장 많이 쓰이는 상위 100개의 단어가 영어 사용의 50퍼센트를 차지한다. 그리고 상위 10개의 단어(the, be, to, of, and, a, in, that, have, I)는 실제로 사용되는 영어의 무려 25퍼센트를 차지한다. 영어를 비롯한 모든 언어는 지프의 법칙 Zipf's law 이라는 패턴을 따른다. 이 법칙에 따르면, 단어의 사용 빈도는 그 단어의 순위에 반비례한다. 예를 들어, 영어에서 가장 흔히 쓰이는 단어 'the'는 전체 사용의 약 10분의 1을 차지하고, 두 번째로 흔히 쓰이는 단어 'be'는 약 20분의 1을 차지한다. 다음 순위들도 이런 식으로 이어진다.

계산 자체는 우리 목적에 그다지 중요하지 않지만, 결론은 중요하다. 즉, 가장 흔히 쓰이는 단어들만으로도 많은 내용을 전달할 수 있다는 것이다. 그렇게 하면 훨씬 더 탄탄한 메시지를 만들 수 있다.

가능한 한 가장 단순한 언어로 시작하라. 정말 필요할 때가 아니면 어려운 단어는 쓰지 마라. 드물게 쓸수록 더 강한 인상을 준다. 하지만 확신이 없을 때는 명확함이 영리함보다 낫다.

군더더기를 없애라

글쓰기 조언의 절반 정도는 '쓸데없는 군더더기를 모두 제거하라'는 하나의 아이디어로 요약된다.

1946년, 영국 작가 조지 오웰은 한 수필에서 글쓰기의 여섯 가지 규칙을 제시했다. 그중 3가지는 "짧은 단어로 쓸 수 있다면 절대 긴 단어를 쓰지 마라", "단어를 빼는 것이 가능하다면, 항상 빼라", "일상 영어로 대체할 수 있다면, 외국어 구문이나 과학 용어, 전문용어는 절대 쓰지 마라"였다.[13]

글쓰기에 대해 자주 인용되는 또 다른 구절은 윌리엄 스트렁크 William Strunk Jr. 와 엘윈 브룩스 화이트 E.B. White 의 책 《영어 글쓰기의 기본 The Elements of Style》에 실린 "불필요한 단어를 생략하라"라는 항목에서 찾아볼 수 있다.

> 힘 있는 글은 간결하다. 문장에는 불필요한 단어가 없어야 하고 문단에는 불필요한 문장이 없어야 한다. 그림에 불필요한 선이 없어야 하고 기계에 불필요한 부품이 없어야 하는 것과 같은 이

치다. 이 말은 작가가 모든 문장을 짧게 쓰거나 세부 사항을 모두 생략해 주제를 개략적으로만 다루라는 뜻이 아니라 모든 단어가 의미를 지녀야 한다는 뜻이다.**14**

이런 '불필요한 단어들'은 뇌의 스팸 필터에 걸리는 먹잇감이며, 독자의 주의를 다른 곳으로 새게 만드는 탈출로다.

돈 이야기가 나오면 사람들은 바로 이해한다. 다음에 온라인 쇼핑 결제를 할 때, 결제 페이지를 한번 둘러보라. 가상의 계산대에서 멀어지게 할 만한 버튼들은 모두 사라졌다. 당신은 홈페이지나 블로그, 카테고리로 돌아갈 수 없다. 뒤로 가기를 누르거나 브라우저를 닫지 않는 한, 할 수 있는 일은 신용카드 번호를 입력하고 결제를 마치는 것뿐이다. 그 페이지의 모든 요소는 하나의 목표를 위해 움직인다. 효과적인 의사소통도 마찬가지다.

출판사 랜덤하우스의 수석 카피 에디터인 벤저민 드레이어Benjamin Dreyer는 살아 있는 사람 중 가장 많은 단어를 읽고 편집한 인물이다. 그는 자신의 저서 《Dreyer's English(드레이어의 영어)》에서 '군말trimmable'이라 부르는, 거의 언제나 삭제할 수 있는 불필요한 단어들에 대해 한 장 전체를 할애해 설명한다. 다음은 그 예시로, 굵게 표시된 부분이 군말이다.

- ◆ 추가 보너스
- ◆ 위기 **상황**
- ◆ **허구** 소설
- ◆ **미리** 계획하다
- ◆ 풀리지 않은 수수께끼 [15]

마케팅 전문가로 일해 온 경험상, 자주 쓰이는 군말 하나를 더 꼽자면 바로 '도움'이다. 새로운 세안제는 당신이 젊어 보이도록 도움을 주는 게 아니라 실제로 더 젊어 보이게 한다. 생산성 앱은 생산성을 높이는 데 도움을 주는 게 아니라 실제로 생산성을 높인다. 사람들은 자신에게 도움을 주는 제품을 원하지 않는다. 실제로 효과가 있는 제품을 원한다. 애매한 표현을 걷어 내면, 메시지는 훨씬 명확해질 것이다(다만 법무팀에서 반대할 때는 싸울 각오를 해야 한다).

우리가 말하고 쓰는 것의 많은 부분은 최소한의 기준을 충족하는 데 초점이 맞춰져 있다. 예를 들어 단어 수 채우기, 칼럼 분량 맞추기, 캡션 caption 추가하기 등. 그 과정에서 우리는 군더더기를 끌어들인다. 하지만 시각을 바꿔 더 많은 것을 덧붙이고 싶은 욕구에 의도적으로 맞서면, 더 강렬하고 효과적인 메시지를 만들 수 있다. 사용성 연구자들은 간결한 글쓰기가 메시지의 효과를 최대 58퍼센트까지 높일 수 있다는 사실을 밝혀냈다.[16] 군더더기를 줄이는 것은 당신이 할 수 있는 가장 큰 개선이다.

간결한 의사소통이란 모든 것을 없애고 메시지를 최소한의 단어로만 표현하라는 뜻이 아니다. 하지만 여기에는 핵심적인 제로섬 원리를 다시 이해하는 것이 필요하다. 즉, 무언가를 더할수록 다른 모든 것은 덜 중요해진다. 모든 단어는 스스로 쓸모를 증명해야 한다.

조용함이 있어야 시끄러움도 존재할 수 있다. 신호가 뚜렷이 드러나려면 소음을 제거해야 한다. 그렇지 않으면 **그림 8.4**에 나오는 진부한 밈과 같은 반응을 얻게 될 위험이 있다.

그림 8.4 그거 다 읽을 생각은 없어. 출처: 트위터 계정 @nocontextdms

대중이 아닌 한 사람에게 말하라

모든 메시지는 일대일 소통이다. 정치인이 집회에서 5,000명에게 연설하든, 슈퍼볼 광고가 1억 명에게 방송되든, 그것은 중요하지 않다. 실제로 연결이 이뤄지는 단계에서는 언제나 메시지를 보내는 이와 받는 이가 한 명씩만 존재한다.

군중을 상대로 말하는 것은 효과가 없다. 군중은 실제로 존재하지 않기 때문이다. 우리는 집단으로 행동할 수 있고 혼자서 할 수 없는 일들을 함께 할 수 있는 사회구조와 공동체를 만들었다. 하지만 결국 각자의 머릿속에 존재하는 사람은 자기 자신뿐이다. 지금까지 산 모든 제품과 행사한 모든 투표권은 당신이 직접 메시지를 받고 그것을 받아들인 끝에 내린 결정이다.

이 때문에 집단이라는 모호하고 실체 없는 개념에 호소하는 메시지는 효과가 없다. 우리를 '독자', '뉴욕 시민', '고양이 주인' 혹은 더 나쁘게는 '여러분 중 일부'로 부르는 광고는 눈길조차 끌지 못하고 쉽게 스쳐 지나갈 수 있다.

메시지를 받는 이는 결코 '여러분 중 일부'가 아니다. 언제나 '당신'이다. 나는 집단에 속할 수 있지만, 집단 그 자체는 아니다.

다양한 플랫폼의 인플루언서들은 다음과 같은 사실을 알아냈다. '친구들', '다들 안녕', '여러분' 같은 포괄적인 인사로 시작하는 소셜 미디어 게시물은, 직접적이고 개인적인 인사로 시작하는 콘텐츠보다 더 밋밋하고 덜 친밀하게 느껴진다. 잘 만든 틱톡 영상은 친구가 영상통화를 거는 것처럼 느껴지고, 화제가 된 트윗 중 일부는 문자메시지처럼 느껴진다. 당신의 받은 편지함에서도 볼 수 있듯이, 제목이 개인화된 이메일은 일반적인 대량 발송 메일보다 읽힐 확률이 26퍼센트 더 높다.[17]

예산이 넉넉한 마케팅 에이전시들은 이를 실천하기 위해 '페르소나persona'라는 도구를 개발한다. 페르소나는 슬라이드 한 장에 상세한 이력과 특성이 적혀 있는 이상적인 가상 고객을 뜻한다. 그런 도구를 쓸 수 있다면 좋겠지만, 훨씬 더 빠르고 저렴하게 목표의 절반에 곧바로 도달하는 방법이 있다. 사진을 출력해서 책상에 놓거나, 포스트잇에 단순히 막대 인형을 그린 뒤 그것을 모니터에 붙이라. 그것을 바라보라. 그것이 바로 당신이 글을 쓰고 말을 건네는 대상이다. 우리가 소통하는 상대는 대중이 아니라 개인이다.

눈에 보이듯이 생각하라

우리 뇌의 절반 가까이는 어떤 식으로든 눈을 통해 들어오는 정보를 처리하는 데 쓰인다.[18] 웹사이트, 소셜 미디어 게시물, 인쇄

광고, 이메일, 문자메시지, 메모 등 우리가 보는 것이 글자일지라도 의사소통은 대부분 시각적인 방식으로 이뤄진다. 메시지의 시각적 표현을 깔끔하게 다듬는 일은 아이디어를 효과적으로 전달하는 데 있어 필수적인 (그리고 지나치게 자주 간과되는) 부분이다.

정밀 센서와 카메라가 탑재된 특수 장비 혹은 노트북이나 스마트폰에 내장된 웹캠만으로도 디자이너와 연구자는 사용자의 시선이 어디를 향하는지, 사용자가 웹사이트와 앱을 어떻게 사용하는지 추적할 수 있다.[19] 그 결과는 늘 똑같다. 사람들은 화면에 보이는 내용을 대부분 제대로 읽지 않는다.

우리는 화면에서 정보를 대체로 다음과 같은 방식으로 소비한다.

- 시선은 화면의 왼쪽 위에서 시작해 아래로 내려간 뒤 먼저 상단을 왼쪽에서 오른쪽으로 훑고 그다음 아래쪽으로 내려가 다시 훑는다. 알파벳 F 모양처럼(아랍어나 히브리어처럼 오른쪽에서 왼쪽으로 읽는 언어에서는 이 패턴이 반대로 나타난다).
- 링크, 굵은 글씨, 글머리 기호 목록(바로 이 목록처럼)같이 시각적으로 눈에 띄는 단어나 구역으로 시선을 건너뛴다.

- 주소, 이름, 전화번호, 가격 등 당면 과제와 관련 있거나 적어도 관련 있어 보이는 단어를 찾는다.
- 흥미로운 내용을 찾기 위해 제목과 부제목을 건너뛰며 훑는다. 연구자들은 이를 '층 케이크 패턴 layer cake pattern'이라고 부른다.

우리는 정말로 동기가 부여될 때만 페이지 전체를 처음부터 끝까지 읽는, 이른바 기본 설정값으로 여겨지는 행동을 한다. 우리는 매일 쏟아지는 엄청난 정보의 폭격에 압도된 나머지 **그림 8.5**처럼 훑어보는 일에 익숙해져 버렸다.

오랫동안 정치부 기자로 활동한 짐 밴더하이, 마이크 앨런, 로이 슈워츠는 바로 이 아이디어를 바탕으로 뉴스 웹사이트를 만들었다. '가치 있는 worthy'이라는 뜻의 그리스어에서 이름을 딴 악시오스 Axios는 2017년에 '시사 주간지 〈이코노미스트〉와 트위터의 중간 형태'를 지향하며 출범했다. 이들은 최신 뉴스와 분석을 짧고 명확하게 정리해 웹사이트와 인기 일간 뉴스레터를 통해 제공한다. 악시오스의 거의 모든 기사는 매우 짧으며, 명확한 제목과 글머리 기호로 구성되어 현대인의 미디어 소비 습관에 잘 맞는다. 이 개념이 성공을 거둔 덕분에 악시오스는 100만 명 이상의 이메일 구독자를 확보했고 5억 달러가 넘는 금액에 매각됐다.[20]

그림 8.5 화면에서 글을 읽을 때 우리는 기본적으로 훑어보고 건너뛰며 읽는다.

디자이너들은 위계 hierarchy라는 개념을 활용해 이처럼 훑어보기 쉬운 레이아웃을 만든다. 효과적인 시각적 위계를 갖춘 레이아웃은 글꼴, 색상, 크기, 배치 등을 통해 사용자가 어디에 주목해야 하는지 즉각적으로 알려준다. 굵은 글씨는 얇은 글씨보다 눈에 더 잘 띈다. 밝은 색상은 차분하고 어두운 색상보다 먼저 눈에 띈다. 크거나 주변에 여백이 많은 항목이 작은 항목보다 더 두드러져 보인다. 레이아웃 상단에 있는 항목이 하단에 있는 항목보다 먼저 시선을 끈다. 이러한 요소들을 조절하면, 메시지의 원하는 부분에 원하는 순서대로 주의를 집중시킬 수 있다. 예를 들어, 이 제목을 먼저 읽고, 다음으로 이 부제목을, 마지막으로 이 본문을 읽으라는 식으로 말이다.

이 장에서 교통과 공학을 비유로 든 데에는 그럴 만한 이유가 있다. 메시지를 시각적으로 전달하는 데 있어, 미국 전역의 25만 킬로미터가 넘는 고속도로를 따라 설치된 표지판만큼 단순한 소통 방식은 찾기 어려울 것이다.

고속도로에서 시속 약 112킬로미터로 질주할 때는 1초에 30미터 이상을 이동한다. 따라서 방향, 도로 상태, 규정에 관한 모든 메시지는 빠르고 명확하게 핵심을 전달해야 한다. 연방 고속도로 관리국의 '도로 교통 통제 표준 설명서'(읽는 재미는 별로 없지만) 첫 페이지에 이를 위한 5가지 지침이 실려 있다.[21]

효과적인 교통 통제 장치는 아래의 5가지 기본 요건을 갖춰야 한다.

- ◆ 필요를 충족해야 한다.
- ◆ 주의를 끌어야 한다.

- 명확하고 단순한 의미를 전달해야 한다.
- 도로 이용자의 존중을 받아야 한다.
- 운전자가 적절히 반응할 수 있도록 충분한 시간을 주어야 한다.

고속도로 속도에 맞춘 설계와 소통의 원칙으로 이 장을 마무리하는 것은 더없이 적절하다. 출구가 빠르게 다가올 때는 군더더기를 붙일 여유가 없다. 오늘날의 시끄럽고 요구가 많은 세상은 불행히도 고속도로를 닮은 경우가 많다. 청중을 우리가 원하는 목적지로 이끌고 싶다면, 이 원칙들에서 힌트를 얻을 수 있을 것이다. 그에 맞춰 메시지를 설계해 보라.

점검 과제

- 한 단어에 10달러가 든다면, 몇 단어를 줄일 수 있을까? 한 단어에 1,000달러라면 어떨까?
- 메시지를 도로 표지판처럼 압축해야 한다면, 어떻게 표현할 수 있을까?
- 당신의 메시지는 전화로도 전달될까? 붐비는 술집에서도 이해될까?
- 당신의 메시지를 이해하려면 받는 이가 어떤 사전 지식을 갖춰야 할까? 모두가 그 지식을 갖고 있을까?
- 당신의 메시지로 젠가 게임을 해 보라. 구조가 무너지기 전까지 불필요한 요소를 얼마나 뺄 수 있을까?

결론
다음 할 일은?

모든 것은 가능한 한 단순하게 만들어야 하지만,
그 이상으로 단순해서는 안 된다.
— 알베르트 아인슈타인

1950년대, 전쟁 후 미국이 빠르게 현대화되던 시기에는 편리함이 최고의 가치였다. 기적 같은 신제품들은 현대 세계의 경이로움을 약속했으며, 미래학자들은 머지않아 '사람들이 버튼 대신 손끝이나 음성으로 제어하는, 고도로 자동화된 집에서 살게 될 것'이라고 예측했다.[1]

식품 업체 제너럴 밀스General Mills의 마법사들은 기적 같은 신제품으로 즉석 케이크 믹스를 선보였다. 상자를 열고, 가루를 그릇에 붓고, 물만 넣으면 된다. 몇 번 저어 준 뒤 뜨거운 오븐에 넣어 몇 분만 구우면 금세 아름다운 '수제' 케이크가 완성된다.

그런데 가정주부들은 이 제품을 싫어했다.

베티 크로커 즉석 케이크 믹스는 너무 '단순했다'. 디저트를 처음부터 정성껏 구워 온 사람들에게 상자를 열고 물만 넣는 일은 속임수처럼 느껴졌다. 즉석 케이크 믹스는 완벽한 케이크를 만들어 많은 찬사를 받았지만, 그 찬사는 곧 죄책감으로 바뀌었다. 그 케이크를 만든 건 주부들이 아니라 공장이었다.

회사는 이 문제를 해결할 방법을 찾다가, 직관에 반하는 해결책을 발견했다. 바로 과정을 더 복잡하게 만드는 것이었다. 달걀을 분말 형태로 넣는 대신, 소비자에게 직접 달걀을 깨서 넣도록 했다. 한 단계를 추가한 것이다.

물만 붓는 것은 속임수지만, 달걀을 깨서 넣는 것은 요리다. 그 작은 과정을 추가하자 소비자들은 조리 과정과 제품, 그 둘과 자신 사이의 관계까지 모두 다른 시각으로 바라보게 됐다. 그들이 느낀 자부심은 '도구성 휴리스틱 instrumentality heuristic'으로 알려진 심리 현상의 한 예다.

이 책 전반에 걸쳐 우리는 단순함과 유창함이 어떻게 일을 더 쉽고 효과적으로 만드는지 살펴보았으며, 이를 뒷받침하는 증거도 꽤 많다. 하지만 도구성 휴리스틱이 말하는 바는 이렇다. 제너럴 밀스의 케이크 믹스 사례처럼 혹은 어려운 논문을 작성해 박사 학위를 받는 것처럼, 어떤 목표를 적극적으로 추구할 때, 더 큰 노력이 들어갈수록 우리는 그 결과를 더 가치 있게 여긴다.[2] 무언가를 위해 더 열심히 노력할수록, 그것은 그만큼 더 소중해진다. 시어도어 루스벨트Theodore Roosevelt는 이렇게 말했다. "노력과 고통, 어려움이 따르지 않는 한, 세상에서 가질 가치나 행할 가치가 있는 것은 아무것도 없다."

단순함은 소음과 무관심을 뚫고 나아가는 수단이다. 하지만 복잡함도 잘만 활용하면 우리의 도구 상자에 들어갈 수 있다. 사실 복잡함은 동기가 부여됐을 때만 작동하는 도구다. 우리가 이미 원하는 무언가에 더 가까이 다가가게 할 때만 효과가 있다. 복잡함은 밀어붙이지는 못하고 끌어당길 수만 있다. 도구성 휴리스틱을 개척한 연구자들인 시카고 대학교의 아파르나 라브루Aparna A. Labroo와 사라 김Sara Kim은 이렇게 설명했다. "이전의 모든 연구에서는 대상의 처리 과정이 쉬울수록 그에 대한 호감도가 높아졌지만, 이번 연구에서는 그 대상이 현재 목표에 이르는 수단일 경우, 오히려 처리 과정이 어려울수록 호감도가 높아졌다."

안타깝게도 마케팅 전문가, 기업가, 교육자, 사회운동가 등 메시지를 전달해야 하는 사람들이 항상 그런 여유를 누릴 수 있는 것은 아니다. 이럴 때 바로 이 책에 실린 리더, 혁신가, 과학자의 교훈이 빛을 발한다.

구글의 간소한 홈페이지는 1998년 처음 등장한 이후로 거의 변하지 않았다. 그 사이 홈페이지는 이메일과 캘린더, 문서와 스프레드시트, 영화 상영 시간과 주식시세까지 제공하는 최고의 도구로 자리 잡았다. 작은 입력창 하나로 우리는 무엇이든 할 수 있다.

나중에 야후 등 여러 회사를 이끈 기술 임원 머리사 메이어 Marissa Mayer는 구글의 20번째 직원으로 경력을 시작해 곧 회사 웹사이트의 디자인과 사용자 경험을 총괄했다. 회사가 막강한 세계적 기업으로 한창 성장 중이던 2005년, 그녀는 자신의 도전을 이렇게 설명했다. "구글은 매우 복잡한 스위스 군용 칼처럼 다양한 기능을 갖추었지만, 홈페이지는 그것을 접은 채로 보여 주는 방식을 취하고 있습니다. 단순하고 우아하고 주머니에 쏙 들어가죠. 하지만 필요할 때는 멋진 기능들을 꺼내 쓸 수 있어요. 많은 경쟁사의 홈페이지는 스위스 군용 칼이 펼쳐진 모습과 같아서 위협적으로 느껴지거나 때로는 해로울 수 있죠."[3]

위협적이고 해로운 것. 우리는 목표를 달성하기를 원하며, 이를 도와주는 제품과 아이디어, 사람을 좋아한다. 위협적이거나 해로운 것은 좋아하지 않는다. 그것은 복잡함에서 비롯된 결과이며 결코 넘어서서는 안 될 경계다.

단순함에는 확실성, 혹은 적어도 확신이 필요하다. 이 단순함은 삶과 비즈니스의 많은 영역에서 필수적이지만, 어떤 경우에는 어리석고 잘못된 방향으로 이끌기도 한다. 삶은 본래 불확실한 모험이다. 우리의 미래는 아직 쓰이지 않았고, 광대하며 신비롭기 때문이다. 우리는 모든 것을 알 수 없고 알 필요도 없다. 그리고 단순함이 모든 것의 해답이 될 수는 없다.

하지만 확실히 알고 있는 큰 진실이 있다. 서로에게 손을 뻗고 연결되고 진심으로 이해받는 일은 이 모호하고 알 수 없고 예측 불가능한 삶에서 매우 소중하고 보람 있는 경험이란 것이다.

한때 구글이 그랬던 것처럼, 신생 기업들은 사업 초기 단계에서 '제품-시장 적합성 product-market fit'이라는 상태를 필사적으로 추구한다. 이 상태는 당신이 파는 것과 고객이 실제로 사고 싶어 하는 것이 정확히 일치하는 순간, 즉 모든 요소가 맞아떨어지는 때를 뜻한다. 그들은 적합성을 찾을 때까지 테스트하고 반복하고 방향을 바꾸고 개선하고 모든 가능성을 철저히 탐색한다. 이 과정은 사업을 구축하는 데 있어 가장 어려운 부분이다. 하지만 그 적합성을 찾아내면, 모든 것이 달라진다. 그것은 도약의 순간을 가져온다.

단순함이란 당신의 메시지에서 바로 그 적합성을 찾아내는 일이다.

✦ 왜 어떤 메시지는 효과가 있고 다른 메시지는 그렇지 않을까?

우리는 "왜 어떤 메시지는 효과가 있고 다른 메시지는 그렇지 않을까?"라는 문제로 이 책을 시작했고 그에 맞설 준비를 갖추며 마무리했다. 책의 전반부에서는 의사소통 위기의 원인을 살펴보았다. 원인은 바로 우리의 불완전한 뇌와 그 뇌가 만든 혼란스러운 세상이었다. 우리는 보내는 이와 받는 이를 연결하는 일이 근본적으로 얼마나 어려운지 살펴보고 그 주범으로 복잡함을 지목했다. 복잡함, 즉 인위적으로 만든 복잡성은 이기적이고 비겁하고 위험하다. 그리고 안타깝게도 그것은 인간의 본성이다.

하지만 우리는 과학과 역사를 통해 이 싸움에서 이길 수 있는 도구인 단순함을 얻었다.

유익한 메시지는 받는 이를 최우선으로 고려한다. 초점이 뚜렷한 메시지는 오직 하나의 이야기만을 전달한다. 돋보이는 메시지는 혼잡한 세상에서 눈에 띈다. 공감을 담은 메시지는 진심 어린 이해를 보여 준다. 최소한의 메시지는 의도를 담아 정교하게 설계된다. 이 모든 요소를 담은 단순한 메시지는 점점 더 복잡해지는 세상 속에서 우리가 정보를 전달하고 설득하고 소통할 수 있게 한다.

✦ 다음 할 일은?

우리는 소통과 단순함을 탐구하며 우주탐사의 역사를 두 차례 언급했다. 우주탐사는 인류가 시도해 온 가장 복잡한 과제에 속하기 때문이다. 그 위대한 유산 속에는 인류 역사상 가장 야심 찬 소통 시도, 우리 세계 너머로 닿고자 하는 최초의 노력이 담겨 있다. 지름 12인치(약 30센티미터)의 금도금 구리 디스크에 새겨진 메시지는 지금까지 인류가 만든 것 중 가장 멀리 가장 **빠르게** 전해졌고 가장 오래 지속될 증거이기도 하다.

이 골든 레코드^{Golden Record}는 보이저 1호 우주선에 실려 있으며, 지구 생명의 다양성과 아름다움을 전하기 위해, 병 속의 메시지처럼 소리와 이미지 데이터를 담은 타임캡슐이다.[4] 레코드에는 바흐와 모차르트의 음악, 척 베리의 노래 '조니 비 굿$^{Johnny\ B.\ Goode}$', 아제르바이잔 민속 음악, 인간의 뇌파, 혹등고래의 노래 등 다양한 소리가 수록됐다. 아이작 뉴턴의 업적, 침팬지를 연구하는 제인 구달, 타지마할, 식료품 가게에서 포도를 먹고 있는 여성 등 여러 이미지도 담겨 있다. 표지에는 지구의 위치를 나타내는 성간星間 지도와 천천히 붕괴하는 우라늄 표본이 함께 포함되어 있어, 이 독특한 유물이 언제 어디서 왔는지 외계 생명체가 추적할 수 있도록 설계됐다.

1977년에 발사된 이후 보이저 1호는 태양계의 행성들 사이를 누비며 이웃 행성들의 비밀을 처음으로 밝혔고 마침내 토성을 지나 성간 우주로 돌진해 들어갔다. 거의 반세기가 지난 지금도 보이저 1호는 기적적으로 작동하며 약 240억 킬로미터 떨어진 곳에서 꾸준히 데이터를 전송하고 있다. 그리고 그사이 시속 약 6만 1,500킬로미터의 속도로 지구에서 점점 더 멀어지고 있다.

이 우주선은 인류가 우주로 쏘아 올린 것 중 가장 멀리 간 물체이자, 인류가 도달한 가장 먼 지점에 있는 물체다. 태양이 소멸하며 거대한 불덩이로 지구를 집어삼킨 뒤 수백만 년이 흐른다 해도, 이 우주선은 인류가 만든 어떤 것보다도 더 오래 남아 있을 것이다. 보이저 1호에 부착된 골든 레코드를 기획한 천문학자 칼 세이건은 이 우주선을 "별들 사이의 거대한 대양을 영원히 떠돌 운명"이라고 묘사했다.

이 레코드는 우리가 설정한 단순함의 기준을 충족한다. 그것은 은하계라는 대양 속에서 받는 이에게 그들이 혼자가 아니라는 메시지를 전하는 부표 역할을 하므로 유익하다. 지구 생명을 기념하기 위한 타임캡슐로 설계되어 초점이 뚜렷하다. 어둡고 공허한 우주 속에서 반짝이는 디스크에 새겨 있어 돋보인다. 시각과 수학만으로 이해할 수 있도록 보편적인 지침이 담겨 있어 공감할 수 있다. 한 행성의 방대한 경험을 단 하나의 디스크에 응축했으므로 간결하다.

운이 좋다면, 수천 년, 아니 수백만 년 후 언젠가 외계 우주선이 우리 작고 푸른 행성에서 온 이 유물을 발견하게 될지도 모른다. 외계의 발견자가 그것을 턴테이블 위에 올리면 우선 인류의 가장 오래된 언어에 속하는 수메르어로 된 인사말을 듣게 될 것이다. ☒ㅂ급⸕ㅏ_具, 이를 번역하면 "모두가 잘 되기를"이라는 단순한 메시지가 된다.

상상할 수 없을 만큼 광활한 시공간을 넘어 우리 행성에서 다른 행성으로 보내는 첫 메시지는 단 하나의 단순한 생각을 담고 있다. "우리는 받는 이를 배려한다." 이곳 지구에서 살아가는 우리 역시 똑같이 행동해야 한다. 단순함은 배려의 실천이며 우리가 나아가야 할 길이다.

미주

서론

1 John Koenig, "Sonder," *Dictionary of Obscure Sorrows*, July 22, 2012, dictionaryofobscuresorrows.com/post/23536922667/sonder.

2 eMarketer, "Time Spent per Day with Digital versus Traditional Media in the United States from 2011 to 2023 (in Minutes)," *Statista*, June 6, 2021, statista-com.remote.baruch.cuny.edu/statistics/565628/time-spent-digital-traditional-media-usa/.

1장

1 Linda Rodriguez McRobbie, "Total Recall: The People Who Never Forget," *Guardian*, February 8, 2017, theguardian.com/science/2017/feb/08/total-recall-the-people-who-never-forget.

2 Daniel J. Simons and Christopher F. Chabris, "Gorillas in Our Midst: Sustained Inattentional Blindness for Dynamic Events," *Perception* 28, no. 9 (September 1999): 1059–1074, doi.org/10.1068/p281059.

3 Siri Carpenter, "Sights Unseen," *Monitor*, American Psychological Association, April 2001, apa.org/monitor/apr01/blindness.

4 Jane Porter, "You're More Biased Than You Think," *Fast Company*, October 6, 2014, fastcompany.com/3036627/youre-more-biased-than-you-think.

5 William James, *The Principles of Psychology* (New York: Henry Holt and Company, 1890).

6 Maurice Possley, "Lydell Grant," National Registry of Exonerations, January 26, 2022, law.umich.edu/special/exoneration/Pages/casedetail.aspx?caseid=5980.

7 "Ronald Cotton," Innocence Project, August 6, 2019, innocenceproject.org/cases/ronald-cotton/; "Ryan Matthews," Innocence Project, August 9, 2019, innocenceproject.org/cases/ryan-matthews/; "DNA Exonerations in the United States (1989–2020)," Innocence Project, August 26, 2020, innocenceproject.org/dna-exonerations-in-the-united-states/.

8 Nelson Cowan, "Chapter 20 What Are the Differences between Long-Term, Short-Term, and Working Memory?," *Progress in Brain Research* 169 (March 2008): 323–338, doi.org/10.1016/s0079-6123(07)00020-9.

9 George A. Miller, "The Magical Number Seven, Plus or Minus Two: Some Limits on Our Capacity for Processing Information," *Psychological Review* 63, no. 2 (1956): 81–97, doi.org/10.1037/h0043158.

10 Nelson Cowan, "The Magical Number 4 in Short-Term Memory: A Reconsideration of Mental Storage Capacity," *Behavioral and Brain Sciences* 24, no. 1 (February 2001): 87–114, doi.org/10.1017/s0140525x01003922; Richard Schweickert and Brian Boruff, "Short-Term Memory Capacity: Magic Number or Magic Spell?," *Journal of Experimental Psychology: Learning, Memory, and Cognition* 12, no. 3 (July 1986): 419–425, doi.org/10.1037/0278-7393.12.3.419.

11 Hal Arkowitz and Scott O. Lilienfeld, "Why Science Tells Us Not to Rely on Eyewitness Accounts," *Scientific American*, January 1, 2010, scientificamerican.com/article/do-the-eyes-have-it/.

12 Leonid Rozenblit and Frank Keil, "The Misunderstood Limits of Folk Science: An Illusion of Explanatory Depth," *Cognitive Science* 26, no. 5 (September 2002): 521–562, doi.org/10.1207/s15516709cog2605_1.

13 "Could You Win a Point off Serena Williams? Plus, Avoiding Hen/Stag Parties, and Being Naked Results," *YouGov*, July 12, 2019, yougov.co.uk/opi/surveys/results#/survey/344ce84b-a48d-11e9-8e40-79d1f09 423a3/question/4d73bd62-a48f-11e9-aee6-6742cfe83f15/gender.

14 SellCell.com, "How Much Time on Average Do You Spend on Your Phone on a Daily Basis?," *Statista*, February 11, 2021, statista-com.remote.baruch.cuny.edu/statistics/1224510/time-spent-per-day-on-smartphone-us/.

15 eMarketer, "Time Spent per Day with Digital versus Traditional Media in the United States from 2011 to 2023 (in Minutes)," *Statista*, June 6, 2021, statista-com.remote.baruch.cuny.edu/statistics/565628/time-spent-digital-traditional-media-usa/.

16 Ann Blair, "Information Overload's 2,300-Year-Old History," *Harvard Business Review*, July 23, 2014, hbr.org/2011/03/information-overloads-2300-yea.html.

17 Donald A. Norman, *Emotional Design: Why We Love (or Hate) Everyday Things* (New York: Basic Books, 2005).

18 Peter Just, "Time and Leisure in the Elaboration of Culture," *Journal of Anthropological Research* 36, no. 1 (1980): 105–115, jstor.org/stable/3629555; "How Many Emails Does the Average Person Receive per Day?," *Campaign Monitor*, December 8, 2021, campaignmonitor.com/resources/knowledge-base/how-many-emails-does-the-average-person-receive-per-day/; Artyom Dogtiev, "Push Notifications Statistics," *Business of Apps*, January 16, 2023, businessofapps.com/marketplace/push-notifications/research/push-notifications-statistics/.

19 Philipp Lorenz-Spreen et al. "Accelerating Dynamics of Collective Attention,"

Nature Communications 10, no. 1 (April 15, 2019), doi.org/10.1038/s41467-019-09311-w.

20 Jon Gitlin, "74% of People Are Tired of Social Media Ads—but They're Effective," *SurveyMonkey*, 2022, surveymonkey.com/curiosity/74-of-people-are-tired-of-social-media-ads-but-theyre-effective/; eMarketer, "Most Annoying Types of Digital Ads according to Internet Users in the United States as of July 2019," *Statista*, August 23, 2019, statista-com.remote.baruch.cuny.edu/statistics/257972/most-annoying-types-of-online-ads-in-the-us/.

21 Kara Pernice, "Banner Blindness Revisited: Users Dodge Ads on Mobile and Desktop," *Nielsen Norman Group*, April 22, 2018, nngroup.com/articles/banner-blindness-old-and-new-findings/.

2장

1 Elizabeth P. Derryberry et al. "Singing in a Silent Spring: Birds Respond to a Half-Century Soundscape Reversion during the COVID-19 Shutdown," Science 370, no. 6516 (September 30, 2020): 575–579, doi.org/10.1126/science.abd5777.

2 Adam L. Alter and Daniel M. Oppenheimer, "Predicting Short-Term Stock Fluctuations by Using Processing Fluency," *Proceedings of the National Academy of Sciences of the United States of America* 103, no. 24 (2006): 9369–9372, jstor.org/stable/30051949.

3 Simon M. Laham, Peter Koval, and Adam L. Alter, "The Name-Pronunciation Effect: Why People Like Mr. Smith More Than Mr. Colquhoun," *Journal of Experimental Social Psychology* 48, no. 3 (May 2012): 752–756, doi.org/10.1016/j.jesp.2011.12.002.

4 Rolf Reber, Piotr Winkielman, and Norbert Schwarz, "Effects of Perceptual Fluency on Affective Judgments," *Psychological Science* 9, no. 1 (1998): 45–48, doi.org/10.1111/1467-9280.00008.

5 Michael Ventura, *Applied Empathy: The New Language of Leadership* (New York:

Atria, 2018).

6 Phil Gibbs, "What Is Occam's Razor?," UC Riverside Department of Mathematics, 1997, math.ucr.edu/home/baez/physics/General/occam.html.

7 Jura Koncius, "The Tidying Tide: Marie Kondo Effect Hits Sock Drawers and Consignment Stores," *Washington Post*, January 15, 2019, washingtonpost.com/lifestyle/home/the-tidying-tide-marie-kondo-effect-hits-sock-drawers-and-consignment-stores/2019/01/10/ 234e0b62-1378-11e9-803c-4ef28312c8b9_story.html.

8 Dieter Rams, "The Power of Good Design," Vitsoe, accessed April 13, 2023, vitsoe.com/us/about/good-design.

9 Cyriaque Lamar, "The 22 Rules of Storytelling, according to Pixar," *Gizmodo*, June 8, 2012, gizmodo.com/the-22-rules-of-storytelling-according-to-pixar-5916970.

10 Daniel B. Schneider, "F.Y.I.," *New York Times*, September 22, 1996, nytimes.com/1996/09/22/nyregion/fyi-419478.html.

11 Corey Kilgannon, "Decoding Parking-Sign Legalese," *New York Times*, January 17, 1999, nytimes.com/1999/01/17/nyregion/neighbor-hood-report-upper-east-side-decoding-parking-sign-legalese.html.

12 "Time Media Kit," *Time*, 2023, time.com/mediakit/.

13 Seb Joseph and Ronan Shields, "The Rundown: Google, Meta and Amazon Are on Track to Absorb More Than 50% of All Ad Money in 2022," *Digiday*, February 7, 2022, digiday.com/marketing/the-rundown-google-meta-and-amazon-are-on-track-to-absorb-more-than-50-of-all-ad-money-in-2022/.

14 Garson O'Toole, "One-Half the Money I Spend for Advertising Is Wasted, but I Have Never Been Able to Decide Which Half," *Quote Investigator*, April 30, 2022, quoteinvestigator.com/2022/04/11/advertising/.

15 Madeline King and Daniel Alonso, "As the Pandemic Makes Life More Complex, People Crave Simpler Brands," *Siegel+Gale*, December 15, 2021, siegelgale.com/as-the-pandemic-makes-life-more-complex-people-crave-simpler-brands/.

16 Cheri H. Ahern et al., *Youth Tobacco Surveillance—United States, 1998–1999* (Atlanta, GA: Centers for Disease Control and Prevention, October 13, 2000), cdc.gov/mmwr/preview/mmwrhtml/ss4910a1.htm; "Tobacco Use among Children and Teens," *American Lung Association*, November 17, 2022, lung.org/quit-smoking/smoking-facts/tobacco-use-among-children.

17 Matthew C. Farrelly et al. "Getting to the Truth: Evaluating National Tobacco Countermarketing Campaigns," *American Journal of Public Health* 92, no. 6 (June 2002): 901–907, doi.org/10.2105/ajph.92.6.901; "Youth and Tobacco Use," Centers for Disease Control and Prevention, November 10, 2022, cdc.gov/tobacco/data_statistics/fact_sheets/youth_data/tobacco_use/index.htm.

3장

1 United States Office of Strategic Services, *Simple Sabotage Field Manual* (Washington, DC: Office of Strategic Services, 1944), gutenberg.org/cache/epub/26184/pg26184-images.html.

2 "Complexity Bias: Why We Prefer Complicated to Simple," *Farnam Street* (blog), June 6, 2020, fs.blog/complexity-bias/.

3 Hilary H. Farris and Russell Revlin, "Sensible Reasoning in Two Tasks: Rule Discovery and Hypothesis Evaluation," *Memory & Cognition* 17, no. 2 (March 1989): 221–232, doi.org/10.3758/bf03197071.

4 Leidy Klotz, *Subtract: The Untapped Science of Less* (New York: Flatiron Books, 2021).

5 "Terms of Service; Didn't Read," accessed April 13, 2023, tosdr.org/.

6 "Visualizing the Length of the Fine Print, for 14 Popular Apps," *Business Insider*, April 18, 2020, markets.businessinsider.com/news/stocks/terms-of-service-visualizing-the-length-of-internet-agreements-1029104238.

7 George Orwell, "Politics and the English Language," Orwell Foundation, originally published in *Horizon* April 1946, accessed April 13, 2023, orwellfoundation.com/the-orwell-foundation/orwell/essays-and-other-works/politics-and-the-english-language/.

8 Hun-Tong Tan, Elaine Ying Wang, and G-Song Yoo, "Who Likes Jargon? The Joint Effect of Jargon Type and Industry Knowledge on Investors' Judgments," *Journal of Accounting and Economics* 67, no. 2–3 (2019): 416–437, doi.org/10.1016/j.jacceco.2019.03.001.

9 Lokman I. Meho, "The Rise and Rise of Citation Analysis," *Physics World* 20, no. 1 (2007): 32–36, doi.org/10.1088/2058-7058/20/1/33.

10 Adam Conner-Simons, "How Three MIT Students Fooled the World of Scientific Journals," *MIT News*, Massachusetts Institute of Technology, April 14, 2015, news.mit.edu/2015/how-three–mit-students-fooled-scientific-journals-0414; Matan Shelomi, "Opinion: Using Pokemon to Detect Scientific Misinformation," *Scientist*, November 1, 2020, the-scientist.com/critic-at-large/opinion-using-pokmon-to-detect-scientific-misinformation-68098.

11 John Scalzi, "Teching the Tech," *Whatever: Furiously Reasonable*, October 13, 2009, whatever.scalzi.com/2009/10/13/teching-the-tech/.

12 Edward Tufte, "PowerPoint Does Rocket Science—and Better Techniques for Technical Reports," Edward Tufte Forum, 2006, edwardtufte.com/bboard/q-and-a-fetch-msg?msg_id=0001yB.

13 Dale Wilson, "Failure to Communicate," *Flight Safety Foundation*, October 20, 2016, flightsafety.org/asw-article/failure-to–communicate/; Joint Commission International, *Communicating Clearly and Effectively to Patients: How to Overcome Common Communication Challenges in Health Care*, 2018, store.jointcommissioninternational.org/assets/3/7/jci-wp-communicating-clearly-final_(1).pdf.

14 Tren Griffin, *Charlie Munger: The Complete Investor* (New York: Columbia University Press, 2015), 52.

15 Noel Tichy and Ram Charan, "Speed, Simplicity, Self-Confidence: An Interview with Jack Welch," *Harvard Business Review*, March 3, 2020, hbr.org/1989/09/speedsimplicity-self-confidence-an-interview-with-jack-welch.

16 Byoung-Hyoun Hwang and Hugh Hoikwang Kim, "It Pays to Write Well," *Journal of Financial Economics* 124, no. 2 (May 2017): 373–394, doi.org/10.1016/j.jfineco.2017.01.006.

4장

1 Paul Dickson, "Sputnik's Impact on America," PBS, November 6, 2007, pbs.org/wgbh/nova/article/sputnik-impact-on-america/.

2 Allie Hutchison, "50 Years Ago, One Speech Revolutionized the Space Age and Took Us to the Moon," *Inverse*, September 12, 2022, inverse.com/science/50-years-ago-one-speech-revolutionized-the-space-age-took-us-to-the-moon.

3 John F. Kennedy, "Address at Rice University on the Nation's Space Effort," September 12, 1962, Rice University, transcript and video, JFK Library, jfklibrary.org/learn/about-jfk/historic-speeches/address-at-rice-university-on-the-nations-space-effort.

4 Clayton M. Christensen, Scott Cook, and Taddy Hall, "What Customers Want from Your Products," *Working Knowledge*, Harvard Business School, January 16, 2006, hbswk.hbs.edu/item/what-customers-want-from-your-products.

5 American Heart Association, "How Much Sugar Is Too Much?," American Heart Association, June 2, 2022, heart.org/en/healthy-living/healthy-eating/eat-smart/sugar/how-much-sugar-is-too-much.

6 Eleni Mantzari et al. "Public Support for Policies to Improve Population and Planetary Health: A Population-Based Online Experiment Assessing Impact of Communicating Evidence of Multiple versus Single Benefits," *Social Science & Medicine* 296 (March 2022): 114726, doi.org/10.1016/j.socscimed.2022.114726.

7 A. H. Maslow, "A Theory of Human Motivation," *Psychological Review* 50, no. 4 (1943): 370–396, doi.org/10.1037/h0054346.

8 "Black+Decker 20v Max* PowerConnect Cordless Drill/Driver+ 30 pc. Kit

(LD120VA)," Amazon, accessed March 16, 2023, amazon.com/decker-ld120va-20-volt-lithium-accessories/dp/b006v6yapi?th=1#:–:text=product%20description-,the,-black%2bdecker%2020v.

5장

1 Mary Shelley, *Frankenstein; or, the Modern Prometheus* (London, UK, 1818; Project Gutenberg, 2022), chap. 5, gutenberg.org/cache/epub/84/pg84-images.html.

2 Jason M. Watson and David L. Strayer, "Supertaskers: Profiles in Extraordinary Multitasking Ability," *Psychonomic Bulletin & Review* 17, no. 4 (August 2010): 479–485, doi.org/10.3758/pbr.17.4.479.

3 Brian Mullen, Craig Johnson, and Eduardo Salas, "Productivity Loss in Brainstorming Groups: A Meta-Analytic Integration," *Basic and Applied Social Psychology* 12, no. 1 (March 1991): 3–23, doi.org/10.1207/s15324834basp1201_1; Tomas Chamorro-Premuzic, "Why Group Brainstorming Is a Waste of Time," *Harvard Business Review*, March 25, 2015, hbr.org/2015/03/why-group-brainstorming-is-a-waste-of-time.

4 David Ogilvy, *Ogilvy on Advertising* (New York: Vintage Books, 1985).

5 Bruce Springsteen, Born to Run (New York: Simon & Schuster, 2016).

6 Leidy Klotz, *Subtract: The Untapped Science of Less* (New York: Flatiron Books, 2021).

7 "Rumor Has It… Office Politics Exist," Robert Half Talent Solutions, June 29, 2016, press.roberthalf.com/2016-06-29-Rumor–Has-It-Office-Politics-Exist.

8 Rory Sutherland, *Alchemy: The Dark Art and Curious Science of Creating Magic in Brands, Business, and Life* (New York: HarperCollins, 2019).

9 Neil Patel, "Your Secret Mental Weapon: 'Don't Let the Perfect Be the Enemy of the Good'," *Entrepreneur*, August 31, 2015, entrepreneur.com/living/your-secret-mental-weapon-dont-let-the-perfect-be-the/249676.

10 "Origins and Construction of the Eiffel Tower," La Tour Eiffel Paris, accessed

January 4, 2022, toureiffel.paris/en/the-monument/history.

6장

1 Trip Gabriel, "'Oh, Jane, See How Popular We Are'," *New York Times*, October 3, 1996, nytimes.com/1996/10/03/garden/oh-jane-see-how-popular-we-are.html.

2 "Dr. Seuss: The Story behind 'The Cat in the Hat'," Biography, June 4, 2020, biography.com/news/story-behind-dr-seuss-cat-in-the-hat.

3 "The Cat in the Hat," Dr. Seuss Wiki, February 2, 2023, seuss.fandom.com/wiki/The_Cat_in_the_Hat.

4 Ellis Conklin, "Theodor Geisel, Dr. Seuss Doing in Dick and Jane," United Press International, September 14, 1986, upi.com/Archives/1986/09/14/Theodor-Geisel-Dr-Seuss-Doing-in-Dick-and-Jane/6252527054400/.

5 Bernard Marius 't Hart et al. "Attention in Natural Scenes: Contrast Affects Rapid Visual Processing and Fixations Alike," *Philosophical Transactions of the Royal Society B: Biological Sciences* 368, no. 1628 (October 19, 2013): 20130067, doi.org/10.1098/rstb.2013.0067; Douglas S. Brungart, "Informational and Energetic Masking Effects in the Perception of Two Simultaneous Talkers," *Journal of the Acoustical Society of America* 109, no. 3 (March 2001): 1101–1109, doi.org/10.1121/1.1345696.

6 Rolf Reber, Piotr Winkielman, and Norbert Schwarz, "Effects of Perceptual Fluency on Affective Judgments," *Psychological Science* 9, no. 1 (May 6, 1998): 45–48, doi.org/10.1111/1467-9280.00008; Nathan Novemsky et al. "Preference Fluency in Choice," *Journal of Marketing Research* 44, no. 3 (October 16, 2007): 347–356, doi.org/10.1509/jmkr.44.3.347.

7 Henry Jaglom, *The Movie Business Book* (New York: Simon & Schuster, 1992).

8 Robert B. Cialdini, *Influence: The Psychology of Persuasion* (New York: Collins, 2007).

9 [Cicero], *Rhetorica ad Herennium*, book IV, 47–69 (Cambridge, MA, 1954;

University of Chicago, accessed April 13, 2023), penelope.uchicago.edu/Thayer/E/Roman/Texts/Rhetorica_ad_Herennium/4C*.html.

10 Lassi A. Liikkanen et al. "Time Constraints in Design Idea Generation," (lecture, 17th International Conference on Engineering Design, Palo Alto, CA, August 2009).

11 Elise Harris, "Pope Tells Priests to Keep Homilies Brief: 'No More Than 10 Minutes!'," *Catholic News Agency*, February 7, 2018, catholicnewsagency.com/news/37706/pope-tells-priests-to-keep-homilies-brief-no-more-than-10-minutes.

12 Fatnick, "The Mysterious Legacy of the SNES Soundchip," Fatnick Industries, August 19, 2016, mechafatnick.co.uk/2016/08/19/the-mysterious-legacy-of-the-snes-soundchip/.

13 Lorraine Boissoneault, "A Brief History of the GIF, from Early Internet Innovation to Ubiquitous Relic," *Smithsonian*, June 2, 2017, smithsonianmag.com/history/brief-history-gif-early-internet-innovation-ubiquitous-relic-180963543/.

7장

1 Eytan Bakshy, Solomon Messing, and Lada A. Adamic, "Exposure to Ideologically Diverse News and Opinion on Facebook," *Science* 348, no. 6239 (May 2015): 1130–1132, doi.org/10.1126/science.aaa1160.

2 Cameron J. Bunker and Michael E. W. Varnum, "How Strong Is the Association between Social Media Use and False Consensus?," *Computers in Human Behavior* 125 (December 2021): 106947, doi.org/10.1016/j.chb.2021.106947.

3 Lee Ross, David Greene, and Pamela House, "The 'False Consensus Effect': An Egocentric Bias in Social Perception and Attribution Processes," *Journal of Experimental Social Psychology* 13, no. 3 (May 1977): 279–301, doi.org/10.1016/0022-1031(77)90049-x.

4 Ross, Greene, and House, "The 'False Consensus Effect'."

5 Roseanna Sommers and Vanessa K. Bohns, "The Voluntariness of Voluntary Consent: Consent Searches and the Psychology of Compliance," *Yale Law Journal*

128, no. 7 (April 10, 2019): 1962–2033, ssrn.com/abstract=3369844.

6 *Women in the Workplace 2021*, McKinsey & Company and Lean In, womenintheworkplace.com/2021; KiaraTaylor, "America's Top Black CEOs," *Investopedia*, June 25, 2022, investopedia.com/top-black-ceos-5220330.

7 "Glassdoor's Diversity and Inclusion Workplace Survey," *Glassdoor*, September 29, 2020, glassdoor.com/blog/glassdoors-diversity-and-inclusion-workplace-survey/.

8 Sylvia Ann Hewlett, Melinda Marshall, and Laura Sherbin, "How Diversity Can Drive Innovation," *Harvard Business Review*, August 1, 2014, hbr.org/2013/12/how-diversity-can-drive-innovation.

9 Gallup, "How Does Gallup Polling Work?," Gallup, October 20, 2014, news.gallup.com/poll/101872/how-does-gallup-polling-work.aspx.

10 Paul Graham, "What I've Learned from Users," *Paul Graham*(blog) September 2022, paulgraham.com/users.html.

11 Teresa M. Amabile and Mukti Khaire, "Creativity and the Role of the Leader," *Harvard Business Review*, October 2008, hbr.org/2008/10/creativity-and-the-role-of-the-leader; Gino Cattani and Simone Ferriani, "How Outsiders Become Game Changers," *Harvard Business Review*, August 5, 2021, hbr.org/2021/08/how-outsiders-become-game-changers.

12 Tom Kelley, "The Ten Faces of Innovation," IDEO, October 2005, ideo.com/post/the-ten-faces-of-innovation.

13 Ellie Violet Bramley, "Desire Paths: The Illicit Trails That Defy the Urban Planners," *Guardian*, October 5, 2018, theguardian.com/cities/2018/oct/05/desire-paths-the-illicit-trails-that-defy-the-urban-planners.

14 Richard Priday, "The Inside Story of the Great KFC Chicken Shortage of 2018," *Wired*, February 21, 2018, wired.co.uk/article/kfc-chicken-crisis-shortage-supply-chain-logistics-experts.

15 Seth Godin, "Talker's Block," *Seth's Blog*, September 23, 2011, seths.blog/2011/09/talkers-block/.

8장

1 Alexander Burns and Maggie Haberman, "Republican Hopefuls Jockey for 2016," *Politico*, August 10, 2012, politico.com/story/2012/08/republican-hopefuls-jockey-for-2016-079541.

2 *Knock Down the House*, directed by Rachel Lears, aired May 1, 2019, on Netflix.

3 Marie Kondo, "Konmari Is Not Minimalism," KonMari, accessed February 15, 2023, konmari.com/konmari-is-not-minimalism/.

4 Daniel M. Oppenheimer, "Consequences of Erudite Vernacular Utilized Irrespective of Necessity: Problems with Using Long Words Needlessly," *Applied Cognitive Psychology* 20, no. 2 (March 2006): 139–156, doi.org/10.1002/acp.1178.

5 *Data Point: Adult Literacy in the United States* (Washington, DC: US Department of Education, July 2019); Saida Mamedova, Dinah Sparks, and Kathleen Mulveney Hoyer, *Adult Education Attainment and Assessment Scores: A Cross-National Comparison*, National Center for Education Statistics, US Department of Education, September 19, 2017, nces.ed.gov/pubsearch/pubsinfo .asp?pubid=2018007; "Highlights of PIAAC 2017 U.S. Results," National Center for Education Statistics, 2017, nces.ed.gov/surveys/piaac/national_results.asp.

6 Alex Moore, "7 Tips for Getting More Responses to Your Emails (with Data!)," *Boomerang* (blog), February 12, 2016, blog.boomerangapp.com/2016/02/7-tips-for-getting-more-responses-to-your-emails-with-data.

7 "Updates to the OED," Oxford English Dictionary, December 2022, public.oed.com/updates.

8 Amos Tversky and Daniel Kahneman, "Judgment under Uncertainty: Heuristics and Biases," *Science* 185, no. 4157 (1974): 1124–1131, jstor.org/stable/1738360.

9 Martin Gardner, "The Ultimate Turtle," *New York Review*, June 16, 1988, nybooks.com/articles/1988/06/16/the-ultimate-turtle/.

10 James Clear, "First Principles: Elon Musk on the Power of Thinking for Yourself," *James Clear* (blog), accessed February 15, 2023, jamesclear.com/first-principles.

11 Randall Munroe, *Thing Explainer: Complicated Stuff in Simple Words* (Boston: Houghton Mifflin Harcourt, 2015).

12 "What Can the Oxford English Corpus Tell Us about the English Language," Oxford Dictionaries, August 12, 2018, en.oxforddictionaries.com/explore/what-can-corpustell-us-about-language (site discontinued).

13 George Orwell, "Politics and the English Language," Orwell Foundation, originally published in *Horizon* April 1946, accessed April 13, 2023, orwellfoundation.com/the-orwell-foundation/orwell/essays-and-other-works/politics-and-the-english-language/.

14 William Strunk and E. B. White, *The Elements of Style* (New York: Macmillan, 1959), 23.

15 Benjamin Dreyer, *Dreyer's English: An Utterly Correct Guide to Clarity and Style* (New York: Random House, 2019), chap. 12.

16 Jakob Nielsen, "How Users Read on the Web," Nielsen Norman Group, September 30, 1997, nngroup.com/articles/how-users-read-on-the-web/.

17 "New Rules of Email Marketing," *Campaign Monitor*, accessed February 15, 2023, campaignmonitor.com/resources/guides/email-marketing-new-rules/.

18 "MIT Research - Brain Processing of Visual Information," *MIT News*, Massachusetts Institute of Technology, December 19, 1996, news.mit.edu/1996/visualprocessing.

19 Kara Pernice, "Text Scanning Patterns: Eyetracking Evidence," Nielsen Norman Group, August 25, 2019, nngroup.com/articles/text-scanning-patterns-eyetracking/.

20 Alex Shephard, "Axios and Donald Trump Are Made for Each Other," *New Republic*, May 2, 2017, newrepublic.com/article /142441/axios-donald-trump-made; Benjamin Mullin, "Axios Agrees to Sell Itself to Cox Enterprises for $525 Million," *New York Times*, August 8, 2022, nytimes.com/2022/08/08/business/media/axios-cox-enterprises.html.

21 "2009 MUTCD with Revisions 1, 2, and 3 Incorporated, Dated July 2022 (PDF)," Manual on Uniform Traffic Control Devices, Federal Highway Administration, US

Department of Transportation, July 2022, mutcd.fhwa.dot.gov/pdfs/2009r1r2r3/pdf_index.htm.

결론

1 Matt Novak, "How Experts Think We'll Live in 2000 A.D. (1950)," *Paleofuture* (blog), January 28, 2008, paleofuture.com/blog/2008/1/28/how-experts-think-well-live-in-2000-ad-1950.html.

2 Aparna A. Labroo and Sara Kim, "The 'Instrumentality' Heuristic," *Psychological Science* 20, no. 1 (February 2009): 127–134, doi.org/10.1111/j.1467-9280.2008.02264.x.

3 Linda Tischler, "The Beauty of Simplicity," *Fast Company*, November 1, 2005, fastcompany.com/56804/beauty-simplicity.

4 "The Golden Record," Voyager, Jet Propulsion Laboratory, NASA, accessed February 15, 2023, voyager.jpl.nasa.gov/golden-record.

감사의 글

지금껏 해 온 모든 일을 나 혼자의 힘으로 이루었다고 착각한 적은 단 한 번도 없다. 오늘의 나를 있게 하고 궁극적으로 이 책이 세상에 나올 수 있도록 도와준 모든 사람과 기관에 깊이 감사드린다.

닐 마일릿, 지반 시바수브라마니암, 애슐리 잉그램, 데이비드 마셜, 사라 넬슨, 케이틀린 키팅을 비롯해 (여기에 언급되지 않은 분들까지) 베릿 퀼러 출판사 팀 모두가 이 과정 내내 훌륭한 파트너가 되어 주었다.

직접 연락을 주고 나를 이끌어 주었으며 모든 단계에서 나를 대변해 준 하비 클링어와 그의 팀원들에게 감사한다.

디지털 네이티브 그룹 Digital Natives Group의 전 동료들과 친구들이 아니었다면, 이 책을 쓰는 데 밑거름이 된 소중한 경험을 쌓을 수 없었을 것이다. 수년간 우리 팀에는 훌륭한 직원들이 함께했지만, 오랫동안 함께해 온 동료인 블라디미르 라코비치, 조나단 제이콥스, 존 보트, 엘리 에커트, 브라이언 트린다드, 웨스턴 가드너, 타이예바 잘릴을 언급하지 않는다면 섭섭할 것이다. 지난 10년 동안 함께 일한 수많은 고객과 파트너에게도 감사를 표한다. 특히 책을 쓰는 여정에서 내게 조언과 지도를 아끼지 않은 데이비드 펄머터, 마이클 벤투라, 윌리엄 유리, 마틴 린드스트롬, 마이클 샤인에게 감사한다.

나는 여러 해에 걸쳐 뉴욕 시립대학교에서 발급하는 모든 종류의 신분증(학생, 동문, 직원, 교원 신분증)을 갖게 됐다. 학생시절 나를 가르쳐 준 스승들과 지금 바룩 칼리지 Baruch College에서 내가 가르친 제자들에게 감사의 마음을 전한다. 부모님과 배우자도 모두 동문이라 뉴욕 시립대학교는 우리 가족과 각별한 인연이 있다. 뉴욕 시민으로서 나는 이 유일무이한 공립 대학을 자랑스럽게 여긴다. 바룩 칼리지 이전에 나를 가르쳐 준 헌신적이고 자상한 교육자들, 특히 스미스타운 경영대학 시절 내게 길잡이가 되어 주신 분들께도 깊이 감사드린다.

가족 이야기가 나온 김에, 부모님과 형제자매, 조부모님과 친척들이 보내주는 사랑과 응원에 늘 감사한다. 지금 곁에 계신 분들도, 이미 떠나신 분들도 모두 사랑한다.

마지막으로, 내가 지금까지 이룬 모든 것은 멋진 아내 스테파니아 덕분이다. 이제껏 만난 사람 중 가장 아름답고 따뜻한 그녀에게 진심으로 감사한다.

SIMPLY PUT
by Benjamin Guttmann
Copyright ⓒ 2023 by Benjamin Guttmann
All rights reserved.
Korean translation copyright ⓒ 2025 by SIGONGSA Co.,Ltd.
Korean translation rights arranged with Berrett-Koehler Publishers
through EYA Co., Ltd.

팔리는 한 줄

초판 1쇄 인쇄일 2025년 9월 15일
초판 1쇄 발행일 2025년 9월 25일

지은이 벤 구트만
옮긴이 이미영

발행인 조윤성

편집 김예린 **디자인** 정은경 **마케팅** 박주미
발행처 ㈜SIGONGSA **주소** 서울시 성동구 광나루로172 린하우스 4층(04791)
대표전화 02-3486-6877 **팩스(주문)** 02-598-4245
홈페이지 www.sigongsa.com / www.sigongjunior.com

이 책의 출판권은 ㈜SIGONGSA에 있습니다. 저작권법에 의해
한국 내에서 보호받는 저작물이므로 무단 전재와 무단 복제를 금합니다.

ISBN 979-11-7125-855-0 (03320)

*㈜SIGONGSA는 시공간을 넘는 무한한 콘텐츠 세상을 만듭니다.
*㈜SIGONGSA는 더 나은 내일을 함께 만들 여러분의 소중한 의견을 기다립니다.
*잘못 만들어진 책은 구입하신 곳에서 바꾸어 드립니다.

WEPUB 원스톱 출판 투고 플랫폼 '위펍' _wepub.kr
위펍은 다양한 콘텐츠 발굴과 확장의 기회를 높여주는
SIGONGSA의 출판IP 투고·매칭 플랫폼입니다.